# RAPPORT

SUR LES BESOINS

## DU MUSÉUM D'HISTOIRE NATURELLE

POUR L'ANNÉE 1835,

ET SUR

## LA BIBLIOTHÈQUE ROYALE,

PRÉSENTÉ

AU MINISTRE DE L'INSTRUCTION PUBLIQUE.

# RAPPORT



SUR LES BESOINS

## DU MUSÉUM D'HISTOIRE NATURELLE

POUR L'ANNÉE 1835,

ET SUR

## LA BIBLIOTHÈQUE ROYALE,

PRÉSENTÉ

AU MINISTRE DE L'INSTRUCTION PUBLIQUE.

PARIS,
DE L'IMPRIMERIE ROYALE.

—

1834.

# MUSÉUM
# D'HISTOIRE NATURELLE.

Paris, le 4 décembre 1833.

MONSIEUR LE MINISTRE,

Vous nous avez demandé un rapport détaillé et précis sur la situation du Muséum, ses besoins de tous genres, les lacunes qui s'y font remarquer, les pertes qu'il serait urgent de réparer, les acquisitions qu'il importerait de faire, et en général sur les améliorations désirables dans l'intérêt, soit de la science pure, soit de ses applications.

Nous vous adressons ce rapport où sont passées successivement en revue les différentes parties du Muséum. Pour établir la situation de chacune d'elles, l'état que nous avons eu l'honneur de vous présenter l'année dernière nous a servi de point de départ, et nous nous sommes le plus souvent contentés d'indiquer le nombre des objets reçus cette année, qui, ajouté au chiffre de l'année dernière, donne l'état actuel. Nous vous prions d'observer néanmoins que, parmi ces objets, tous ne peuvent être considérés comme une augmentation définitive de nos collections publiques, beaucoup devant rester aux magasins parmi les doubles pour être de là distribués, soit en dons, soit en échanges.

Nous avons compris sous le titre général de besoins les réponses aux autres questions que vous nous avez posées; car ils résultent des pertes et des lacunes; ils indiquent et demandent des acquisitions et des améliorations.

Les pertes ne portent guère que sur les animaux et végétaux vivants et peut-être ont-elles quelques avantages qui font plus que balancer leurs inconvénients;

1

car elles agissent sur un nombre d'êtres nécessairement borné, et, compensées par des acquisitions nouvelles, elles permettent d'observer successivement plus d'êtres différents. Il est vrai que, dans le reste des collections, il y a des causes puissantes et sans cesse agissantes de détérioration et de ruine, mais on les prévient, on les combat, et par une lutte continuelle on parvient à réduire le nombre des pertes qui seraient inévitables sans des travaux et une surveillance de tous les moments. Or, ces soins demandent plus de bras et d'yeux à mesure que les collections s'étendent, et c'est donc ici par une demande de personnel que s'expriment réellement les besoins du matériel.

Les lacunes sont nombreuses malgré la richesse des collections du Muséum. L'histoire naturelle a pris une telle extension qu'il est impossible de posséder matériellement des types de tous les êtres organisés ou inorganiques décrits dans les livres, toute la série que développerait un *systema naturæ* fait de notre temps avec les matériaux existants; mais néanmoins nous devons tendre sans cesse à ce but, qui s'éloignerait rapidement devant nous pour peu que nous restassions stationnaires, et c'est ce besoin qui s'exprime presque à chaque chapitre de notre rapport. En effet, chaque partie y demande une allocation de fonds pour l'achat des objets qui lui manquent et l'intéressent, et que lui offrent les ventes ou un commerce devenu très-actif par le goût sans cesse croissant de l'histoire naturelle. Jusqu'ici le Muséum n'a eu que de faibles fonds à consacrer à ces acquisitions, puisque même avec les augmentations du budget de 1834, la totalité ne se trouvera portée qu'à 8,000 francs. Il faudrait à peu près la quadrupler comme le prouvent les besoins exposés aux divers chapitres. C'est par cette voie d'achats que se sont formés plusieurs beaux musées publics étrangers, et que se forment presque tous ceux des particuliers, et l'on doit convenir que c'est la plus sûre pour augmenter vite et bien nos richesses scientifiques, puisqu'ici l'acquisition porte précisément sur l'objet dont le besoin se faisait sentir et dont l'intérêt et le bon état ont été préalablement constatés.

C'est ce que nous ne pouvons attendre ni exiger de nos voyageurs, qui jusqu'ici ont été nos principaux et presque nos seuls fournisseurs. Il ne faudrait pas en conclure qu'on doit renoncer à ce mode d'acquisition; car les résultats de leurs recherches qui se font sur un point donné et curieux ne pouraient dans un grand nombre de cas être suppléés par le commerce. Ils récoltent d'ailleurs avec science et intelligence, et leurs observations doublent le prix des objets récoltés; enfin, ils mettent à notre disposition des doubles qui nous permettent des échanges et les distributions souvent récommandées par vous, Monsieur le Ministre, aux divers colléges ou musées départementaux.

Nous avons donc laissé telle qu'elle était dans le budget précédent la somme allouée aux naturalistes voyageurs, tout en regrettant que son emploi actuel ne nous permît pas d'en envoyer un au Mexique, dont les productions nous manquent : nos demandes d'augmentations portent sur l'autre voie d'acquisitions, celle du commerce, comme plus avantageuse pour le moment, et d'autant plus qu'elle nous a presque manqué jusqu'ici.

La plus grande partie de ces améliorations intéresse la science pure. Nous n'avons pourtant pas négligé ses applications, ainsi que vous le verrez par les propositions relatives à des collections de produits animaux et surtout de produits chimiques qui sont à créer. L'extension donnée aux serres et aux terrains des jardins par les lois de la dernière session entraînait nécessairement un surcroît de dépenses. Elle motive plus de la moitié des augmentations demandées.

Nous vous exposons la nécessité de créer un petit nombre de places faiblement appointées. C'est uniquement et réellement, ainsi que nous l'avons dit plus haut, dans l'intérêt du matériel qui s'encombrerait sans utilité pour la science, qui se détruirait en partie, s'il croissait continuellement sans que le nombre des intelligences et des bras qui s'y appliquent crût dans une proportion même éloignée.

Une difficulté se présentait relativement à quelques dépenses d'un taux fort élevé et d'un emploi éventuel, mais une fois faites, dépenses qui élèveraient tout à coup le chiffre de notre budget d'une manière exorbitante, et qui s'accorderaient peut-être difficilement avec les règles de la comptabilité. Tel était le cas de la minéralogie, dont les besoins sont d'un ordre particulier et ne peuvent être satisfaits par la même méthode que ceux des autres parties. C'est ce qui est exposé à son chapitre, qui a reçu par cette raison un développement particulier. Provisoirement, nous avons proposé pour ses acquisitions le même mode que pour celles des autres parties, c'est-à-dire un crédit annuel.

Les résultats généraux sont indiqués comparativement aux crédits de 1834, dans un tableau qui termine le rapport ci-joint. Dans cette revue de tous nos besoins, nous n'avons pas craint d'entrer dans un assez grand nombre de détails, convaincus qu'ils ne rebuteraient pas votre bienveillante sollicitude qui les avait provoqués, et qu'ils justifieraient pour vous et pour les chambres les nouvelles augmentations demandées. Si quelques points exigeaient néanmoins encore quelques explications, nous sommes prêts, Monsieur le Ministre, à vous donner toutes celles que vous pourrez désirer.

Le résultat final du travail auquel nous nous sommes livrés est de prier Votre Excellence de vouloir bien porter une augmentation de 61,000 francs au projet de

1*

budget du Muséum de 1835, ou en d'autres termes, d'élever le crédit de cet établissement à la somme de 425,000 francs.

Nous sommes avec respect, de Votre Excellence,

Monsieur le Ministre,

Les très-humbles et obéissants serviteurs.

*Les Professeurs administrateurs du Muséum,*

L. CORDIER, directeur; GEOFFROY SAINT-HILAIRE; A. DE JUSSIEU, pour le secrétaire.

# RAPPORT

SUR LES BESOINS

## DU MUSÉUM D'HISTOIRE NATURELLE

POUR L'ANNÉE 1835.

§ I<sup>er</sup>.

### MAMMIFÈRES ET OISEAUX.

Les collections mammalogiques et ornithologiques se sont enrichies cette année, soit par divers achats, échanges ou dons particuliers, soit, et pour la plus grande partie, par les résultats des voyages de MM. Gay, Jacquemont et Bonpland, de

Mammifères, 12 espèces..... 80 individus.
Oiseaux, 50 *idem*...... 400 *idem*.

Pour donner une idée du point où est arrivée cette partie des collections, nous dirons qu'aujourd'hui, outre tout ce qui existe dans les magasins, et après les envois considérables faits à vingt-cinq ou trente villes de France, l'état est le suivant :

*Mammalogie :* Six salles, dont l'une comprend à elle seule quarante-six portes d'armoires, une autre quarante-deux, une troisième quarante-huit.

*Ornithologie :* Soixante armoires, presque toutes à deux, trois ou quatre portes. On peut juger du nombre des objets contenus dans la totalité de ces armoires, par ce fait que trois armoires seulement à deux portes renferment à elles seules jusqu'à 1,497 oiseaux.

Besoins.

Les ressources pécuniaires actuelles ne permettent pas de lutter pour les acquisitions avec plusieurs particuliers ou Musées départementaux, et trop souvent il nous échappe des objets dont l'absence cause une fâcheuse lacune dans les collections. Le complément de ces collections s'acheverait plus facilement et plus promptement par des achats faits tant à Paris qu'à l'étranger, pour lesquels il faudrait une augmentation de. . . . . . . . . . . . . . . . . . . . . . . . . . . . . . . . . . . . . . . . . . . . 2,400$^f$

Les collections devraient être complétées, 1° par celle des nids et œufs, exigeant une dépense annuelle de 300 francs, mais seulement pendant trois ou quatre ans;   300

2° Par une collection des produits que fournissent à l'industrie ou aux arts les mammifères et les oiseaux, 500 francs seraient nécessaires pour fonder cette collection, que l'on compléterait ensuite facilement avec 100 francs par an, seulement pendant quelques années; ci. . . . . . . . . . . . . . . . . . . . . . . .   500

Le laboratoire ne possède presque rien de ce qui lui est nécessaire pour la préparation des grands animaux, et ne pouvait même le posséder dans son emplacement actuel: 800 francs   800 lui seraient nécessaires pour l'achat de cuves, d'instruments, etc., quand il sera installé dans les salles du rez-de-chaussée maintenant en construction.

Plusieurs employés du laboratoire ont cessé d'en faire partie, sans être remplacés : il serait nécessaire qu'ils le fussent. Ce serait un garçon à 800 francs. . . . . . . . . . . . . . . . . . . . . . . .   800 et un préparateur de plus à 1,000 francs. . . . . . . . . . . . . . . . 1,000.

$$\text{Augmentations demandées.} \begin{cases} \textit{Matériel : } \text{Crédit annuel} \dots\dots \quad 2{,}400^{f} \\ \quad\text{Somme une fois payée,} \\ \quad\text{ou ne revenant que pen-} \\ \quad\text{dant peu d'années} \dots\dots \quad 1{,}600 \\ \textit{Personnel} \dots\dots\dots\dots\dots \quad 1{,}800 \end{cases}$$

## § II.

### MÉNAGERIE.

La ménagerie a perdu cette année quatorze animaux, parmi lesquels quelques-uns fort rares, comme le babiroussa et le couguar qui est mort presque en arrivant. Elle s'est augmentée par achats, mais surtout par dons, de vingt animaux parmi lesquels nous citerons des chinchillas, des sarigues, des isatis, des mangoustes. Situation.

Il n'est alloué à la ménagerie, pour achats d'animaux, que la somme tout à fait insignifiante de 1,320 fr.; aussi toutes les fois qu'il s'en est présenté à acheter d'intéressants pour la science, a-t-on été obligé de prendre sur d'autres fonds, ou de refuser. Ces achats, qui ne portent que sur des animaux en très-petit nombre et vraiment curieux, ne peuvent être considérés comme augmentant l'entretien de la ménagerie, et ils profitent à l'anatomie et à la zoologie quand ces animaux cessent de vivre. Besoins.

Nous proposerons donc d'augmenter ce crédit de $\dots\dots$ 4,000$^{f}$

Augmentation. Matériel $\dots\dots$ 4,000$^{f}$

## § III.

### REPTILES ET POISSONS.

La collection se compose de 5,880 espèces et de 21,350 individus, savoir : Reptiles $\dots\dots$ 1,180 espèces et 2,950 individus. Situation.

Poissons $\dots\dots$ 4,700 *Id.* et 18,400 *Id.*

Ce qui, comparé à l'état présenté l'année dernière, indique l'augmentation suivante :

Reptiles......... 80 espèces et 750 individus.

Poissons......... 200 *Id.* et 400 *Id.*

Besoins.

Le grand nombre d'objets dont s'enrichit cette partie des collections, qui a pris dans ces dernières années une si grande importance, nécessite un surcroît de dépenses pour les bocaux et l'alcool employés à sa conservation. Nous l'estimons à...................... 1,000$^f$

Nos voyageurs nous rapportent beaucoup; mais néanmoins il vient par d'autres voies des objets curieux qui nous manquent et qu'il importerait d'acquérir; une somme annuelle de 500 fr.   500 pourrait être consacrée à ces acquisitions.

Le personnel se compose du professeur, de son aide et d'un seul employé. Il est devenu insuffisant par cet accroissement rapide que nous avons signalé. Il faudrait pour tenir les travaux au courant une personne de plus, dont nous estimons le traitement à 1,000 fr................................ 1,000

Augmentations demandées. { Matériel...... 1,500$^f$.
                          { Personnel...... 1,000

## § IV.

### INSECTES ET CRUSTACÉS.

Situation.

La collection d'entomologie s'est accrue cette année par suite de divers envois des voyageurs, de dons, d'échanges et d'acquisitions, et notamment par un voyage que le professeur a fait à ses frais dans les Pyrénées et le midi de la France.

de 7,019 espèces et 25,000 individus.

On fera remarquer que dans cette somme les acquisitions ne figurent que pour 408 espèces.

Besoins.

On pourra juger du nombre d'animaux appartenant à cette division, si l'on pense que dans la classe seule des insectes on compte plus de

30,000 espèces décrites et au moins autant qui n'ont pas encore reçu de nom. Il faudrait donc des acquisitions bien nombreuses pour compléter notre collection. C'est une des parties de l'histoire naturelle où le commerce peut en fournir le plus ; le nombre d'amateurs qui cultivent cette branche des sciences et la facilité de transporter une grande valeur sous un petit volume, a multiplié les voyageurs qui s'en occupent et rapportent chaque année, en Europe, une foule d'objets nouveaux, pour l'acquisition desquels il y a une concurrence assez active. Il ne faudrait donc pas consacrer à ces achats une augmentation de moins de.. 1,000$^f$

Le professeur et son aide croient pouvoir suffire à la détermination des objets, malgré leur nombre extrême ; mais il est impossible qu'un seul employé qu'ils ont sous eux suffise aux opérations manuelles qu'exigent la préparation et la conservation de cette foule de petits objets, la copie des catalogues nécessaires pour que le désordre ne s'introduise pas dans cette collection et dans sa distribution. Le professeur demande donc un employé de plus, auquel serait adjoint un jeune homme pour les travaux les plus simples. Pour leur traitement il faudrait... 1,500$^f$

Il est à remarquer que c'est ici l'une des parties où l'omission de quelques soins entraîne les pertes les plus considérables par la facilité avec laquelle ces petits animaux se détériorent et gâtent les autres en se détériorant.

Augmentations demandées. $\begin{cases} \text{Matériel.} \ldots \ldots & 1,000^f \\ \text{Personnel.} \ldots \ldots & 1,500 \end{cases}$

## § V.

### MOLLUSQUES ET ZOOPHYTES.

La collection s'est accrue cette année de 550 espèces de coquilles vivantes, de 380 fossiles, de 300 environ à l'état mort et conservées dans autant de bocaux. Il y a une moyenne de 4 individus par espèces, ainsi augmentation de

Situation.

1,230 espèces. . . . . . 5,000 individus.

2

·La grande activité des.études géologiques en a imprimé une égale à cette partie de la zoologie, de telle sorte que le nombre des objets décrits ou nouveaux s'accroît bien rapidement et de plus que les occasions d'acquisitions se présentent fréquemment et avec concurrence. Pour pouvoir faire celles qui intéressent la collection du Muséum, pour pouvoir suffire à la conservation des objets qu'on se procure par cette voie ou d'autres, ce qui entraîne une grande consommation d'alcool et de bocaux, pour faire faire, dans un rayon de vingt ou trente lieues, les recherches qui doivent compléter la connaissance et la collection du bassin classique de la Seine, il faudrait une augmentation de................ 1,600ᶠ

Augmentation demandée. Matériel...... 1,600ᶠ

## § VI.

### ANATOMIE.



On peut ajouter à l'état présenté l'année dernière les pièces suivantes, dont les collections d'anatomie comparée se sont enrichies cette année.

3 1 squelettes.

1 1 6 préparations dans la liqueur.

30 *idem* sèches.

1 5 nouveaux moules de fragments fossiles, dont on a envoyé 294 épreuves dans les départements et à l'étranger.



Les préparations du cabinet d'anatomie ont été faites jusqu'ici avec une telle économie d'alcool que plusieurs d'entre elles sont en danger de périr, et que l'œil est désagréablement affecté à la vue de bocaux remplis d'une liqueur colorée par le sang ou troublée par les substances animales en suspension. Il serait à désirer qu'on pût remédier à cet état de choses, et quatre à cinq pièces d'esprit de vin suffiraient pour renouveler les préparations les plus endommagées. Ce serait une dépense une fois faite d'environ 2,000 francs. ............................. 2,000ᶠ

Il n'y a pas de fonds pour des acquisitions, et si l'on excepte un petit nombre d'animaux envoyés dans la liqueur, ce n'est que sur les animaux

morts à la ménagerie que peuvent se faire les préparations anatomiques.
Cependant on pourrait s'en procurer par la voie du commerce, de
temps en temps, d'intéressants dans des conditions propres à la dissec-
tion. On pourrait également acquérir des préparations toutes faites en
dehors de l'établissement, par exemple dans les ventes de cabinets particuliers qui présentent souvent des objets curieux.

Nous signalerons ici les squelettes de plusieurs grands animaux qui
ne peuvent vivre, ni par conséquent être disséqués au Muséum, par
exemple ceux du narwhal, du phoque à trompe, du lamentin dustellet,
du dugon, du dauphin à deux dents, etc., etc., qui sont nécessaires pour
compléter notre collection. Il faudrait ou allouer une somme assez forte
pour ces achats, une fois faits, ou affecter aux acquisitions de l'anatomie
pendant un certain nombre d'années un crédit de 2,000$^f$, ci . . 2,000$^f$

L'extension qu'on donne en ce moment aux galeries d'anatomie, et le défaut d'armoires vitrées pour un grand nombre
d'objets qui restent ainsi sous la main du public, rendent indispensable une augmentation dans le personnel. On demande un
homme qui sera surveillant les jours publics, et employé le reste
du temps au service de l'anatomie, aux appointements de . . . . 1,000$^f$

$$
\text{Augmentations demandées} \begin{cases} \text{Matériel} \begin{cases} \text{une fois payé ou} \\ \text{pendant un cer-} \\ \text{tain temps. . . .} \quad 4,000^f \end{cases} \\ \text{Personnel. . . . . . . . . . . .} \quad 1,000 \end{cases}
$$

## § VII.

### JARDIN.

On sait quelle extension a reçue ou va recevoir le jardin, tant en
terrain qu'en bâtiments. L'orangerie a été exhaussée; les serres, qui lui
sont parallèles, presque doublées, et l'on va commencer incessamment
le principal corps de serres dont une partie devra être achevée en 1835.
Ces augmentations en entraînent nécessairement d'analogues dans les

Botanique.

frais d'entretien, et justifient les demandes assez élevées que nous faisons pour ce chapitre.

L'exhaussement de l'orangerie, le prolongement des serres déjà achevé, toutes les dimensions beaucoup plus grandes de celles qui vont se faire, donnent à chauffer un volume d'air bien plus que double de celui qui existait précédemment. Ainsi, malgré toutes les améliorations qu'on espère dans le mode de chauffage, il faut compter sur une consommation presque double de combustible, c'est-à-dire sur une dépense annuelle en plus, d'environ 4,000$^f$, ci...................... 4,000$^f$

Même remarque pour les poteries, abris en ozier, toiles, paille, corde, tuteurs, etc., dépenses évaluées maintenant à la somme encore insuffisante de 3,000$^f$, et qu'il faut porter à 5,000$^f$, ci, augmentation.................................... 2,000

Le fonds de 2,000$^f$ affecté aux achats de terre, ne suffirait pas dans de bons terrains, et on sait quel est le sol du jardin à une très-petite profondeur, notamment du labyrinthe, promenade affectionnée du public, et qu'on se propose de rendre en outre de plus en plus utile à la science en en faisant une véritable école de botanique pour toutes les espèces et variétés d'arbres verts. Pour qu'ils ne cessent pas de croître et de végéter au bout de peu d'années, il est nécessaire de creuser et de renouveler le sol (qui est de gravas purs) à une grande profondeur. On demande donc pour l'achat, transport et composition des terres, une augmentation de 3,000$^f$, ci........ 3,000

La multiplication des travaux rendra nécessaire une augmentation pour les frais d'instruments, charronnage, maréchalerie, bourrellerie, taillanderie, chaudronnerie, tonneaux, etc., etc. On l'estime à 600, ci.................................... 600

La correspondance particulière pour la culture du jardin a pris une activité considérable que prouve la foule des objets nouvellement introduits. C'est en effet en établissant des relations et un commerce d'échanges avec tous les autres jardins publics ou particuliers, et surtout à l'étranger, qu'on multiplie les espèces du nôtre dans une proportion rapide et d'une manière vraiment

utile pour la science. Les demandes qui arrivent de tous les points
de la France, et qu'on satisfait autant que le permettent les
moyens du jardin, compliquent considérablement cette correspondance et de là double source de dépense en lettres et paquets,
caisses, étiquettes imprimées, etc. L'expérience a prouvé que les
évaluations des dépenses pour les années précédentes étaient
insuffisantes, et que de légères augmentations étaient nécessaires.
Ce serait 600$^f$, ci.................................................. 600$^f$

Enfin, quant au personnel, les agrandissements du jardin exigent sept employés de plus : deux, dont l'un doit être un habile
jardinier, pour les serres qui vont s'élever sur l'emplacement de
la vieille orangerie; deux pour les couches et les cultures qui
en dépendent; deux pour les terrains nouveaux qu'on ajoute au
jardin; et un qui devra s'occuper de l'établissement et de l'entretien des plantations du labyrinthe, et, pendant l'hiver, de la
conduite de l'appareil à vapeur au moyen duquel on chauffera
les serres. Cet article ne saurait être évalué à moins de 5,000$^f$, ci. 5,000$^f$

Augmentations demandées.. $\begin{cases} \text{Matériel}.......... & 10,200^f \\ \text{Personnel}........ & 5,000 \end{cases}$

## § VIII.

### COLLECTIONS DE PLANTES SÈCHES.

L'herbier s'est considérablement accru cette année par l'arrivée des
riches collections faites aux Indes, par M. Jacquemont; en Amérique,
par MM. Gaudichaud, Gay, Bonpland; enfin, par le legs du précieux
herbier qui avait servi à M. Desfontaines pour faire la Flore atlantique
et qu'il vient de donner en mourant au Muséum. En ajoutant divers
autres envois de plantes exotiques ou indigènes, et celles qu'on a dessé-
chées dans le jardin, on peut évaluer à 16,000 le nombre des espèces
qui sont entrées cette année dans l'herbier. Les collections de M. Jacquemont offrent un grand nombre d'échantillons pour chaque espèce;

on peut donc regarder ces 16,000 espèces, comme représentées par 40 ou 50,000 individus, ce qui, ajouté aux 30,000 espèces représentées par 300,000 individus, et portées dans l'état de l'année dernière, donnera celui de cette année. Il est clair que sur ces 16,000 espèces, beaucoup ne sont nouvelles que pour la localité, et qu'il n'a pas encore été possible de déterminer cette masse, dont l'arrangement matériel a seul exigé un temps énorme.

Ajoutons une collection de bois recueillis par M. Gaudichaud au Brésil, avec beaucoup de sagacité, dans la vue d'éclaircir plusieurs points d'anatomie végétale.

Besoins.

D'après ce qui précède, on sentira que le professeur, un aide et une personne chargée d'opérations manuelles, qui composent tout le personnel de l'herbier, ne peuvent suffire à le tenir au courant. L'arriéré va toujours en s'accumulant, malgré des travaux constants ; tout ce qu'on peut faire, est d'assurer la conservation des plantes, et de les classer par familles et par pays. Mais si l'on réfléchit au temps qu'il faut pour la détermination des genres et espèces, on concevra que ce dernier travail ne peut s'exiger dans l'état actuel : il serait nécessaire d'attacher à l'herbier un botaniste instruit, particulièrement chargé de ce soin, sous les ordres du professeur, qui y emploierait aussi habituellement son aide. Chacun d'eux aurait encore ainsi plusieurs milliers de plantes à nommer chaque année. Le traitement de ce nouvel employé ne pourrait être moindre de 1,500$^f$, ci . . . . . . . . . . . . . . . . . . . . . . . . . . . . . . . . . . . 1,500$^f$

Pour les travaux purement manuels, une personne suffit habituellement ; mais lorsqu'il y a des envois extraordinaires et considérables, elle n'est plus suffisante. En prenant dans ce cas quelqu'un à la journée, on se remettrait bientôt au courant. On peut mettre à part, pour cette destination, une somme de 300$^f$, ci.   300

Les sociétés qui, au moyen d'actions, entretiennent des voyageurs pour herboriser dans les pays les plus curieux pour la botanique, et distribuent ensuite aux actionnaires les résultats de ces voyages, se multiplient et fournissent beaucoup. Le Muséum devrait être souscripteur de ses sociétés, tant pour encourager cette sorte d'entreprises scientifiques, que pour en posséder

les résultats qui, répandus ensuite dans un grand nombre d'her-
biers, ne doivent pas manquer dans le nôtre, d'autant plus qu'ils
sont souvent cités dans les ouvrages. De ces voyages, ou de ceux
qu'entreprennent à leurs frais des particuliers, sont provenues
de belles collections que nous ne pouvons avoir faute d'argent.
Il faudrait consacrer à ces acquisitions en général une somme
de 1,200 francs.............................................  1,200$^f$

Les 500 francs alloués en 1834 suffisent à peine aux achats
seuls, de papier de cartons, sublimé pour l'empoisonnement des
plantes, etc., on les conserverait pour cette seule destination.

Augmentations demandées...{ Matériel.......... 1,500$^f$
{ Personnel........ 1,500

## § IX.

### GÉOLOGIE.

La géologie en 1833 a continué de recevoir des accroissements pro-
portionnés à ceux si considérables, si rapides, et surtout si nécessaires
qu'elle a reçus depuis douze ans. Plus de 5,000 échantillons de roches
lui sont arrivés de différentes parties de la terre, et sont venus donner
des notions nouvelles sur la constitution de ces différentes contrées,
parmi lesquels on se contentera de citer l'Italie, la Russie, la Sibérie,
la Géorgie, le Thibet, le Cachemyre, l'Indoustan, la presqu'île de l'Inde,
Bourbon, Alger, les États-Unis d'Amérique, le Mexique, la Colombie,
le Pérou, la république de Bolivia, le Chili et le Brésil.

La géologie a reçu en outre une collection méthodique de plantes
fossiles contenant plus de 1,500 échantillons.

Elle n'a aucune perte à regretter, mais elle offre de nombreuses lacunes à remplir dans ses collections des débris organiques fossiles de
l'ancien monde.

La série des plantes fossiles, malgré le don reçu cette année, laisse
extrêmement à désirer, surtout pour les gros échantillons.

La série des coquilles, des mollusques et des insectes fossiles ne contient pas la dixième partie de ce qui est actuellement connu.

La collection des poissons, reptiles, oiseaux et quadrupèdes fossiles, quoique l'une des plus belles de l'Europe, est loin, pour plusieurs genres et espèces importantes, d'être au courant des découvertes. Une partie de ce qui manque ne pourrait être acquis qu'à grands frais, puisqu'il s'agit de squelettes souvent très-grands et qu'il est très-difficile d'obtenir, soit entiers, soit bien conservés, et dont quelques-uns pourraient dépasser le prix de 2 à 3,000 francs.

Mais en outre la préparation des échantillons de roches, leur description dans les catalogues raisonnés, leur classement, soit dans les galeries, soit dans les magasins, donnent lieu à une main-d'œuvre fatigante, et tout à la fois à un travail scientifique compliqué pour lequel le personnel actuel est tout à fait insuffisant. En effet ce personnel consiste en un aide-naturaliste qui ne dispose que d'un employé copiste. Un employé supplémentaire, qui serait suffisamment au courant de la science, est désormais d'autant plus nécessaire, qu'en 1835, il faudra étiqueter les 35,000 échantillons qui sont en magasin, lorsqu'il s'agira de les placer dans la grande galerie de géologie et de minéralogie qui est en construction, et de les faire figurer avec ceux qui existent déjà exposés dans les galeries actuelles, de manière à représenter fidèlement la constitution du globe terrestre.

On peut estimer les besoins à venir en acquisitions annuelles de fossiles au moins à 2,000 fr., ci........................ 2,000$^f$
et ceux du personnel à 1,500 fr., ci..................... 1,500

Augmentations demandées...$\Big\{$ Matériel............ 2,000$^f$
Personnel.......... 1,500

## § X.

### MINÉRALOGIE.

La collection de minéralogie du Muséum d'histoire naturelle se compose, au 1<sup>er</sup> novembre 1833, de 7,286 échantillons numérotés et enregistrés.

Il reste encore dans les tiroirs 2 ou 300 pièces peu importantes à numéroter et à enregistrer. Il peut y avoir encore en doubles et en mauvais échantillons 2 ou 3,000 pièces.

Le premier nombre 7,286 est exact, sûr, authentique; et le dernier, celui qui a été donné en 1832, n'est qu'éventuel.

Lorsque ce travail sera fait, et nous espérons qu'il sera terminé cet hiver, on aura le catalogue complet des échantillons qui composent la collection minéralogique.

Sur ces 7,286 échantillons, 3,000 pièces et plus sont entrées dans la collection depuis l'année 1823. Parmi les diverses sources de cet accroissement, on doit citer les collections de l'Académie des sciences, du comte de Bournon et de la Monnaie;

Plus 700 pièces données par le professeur de minéralogie actuel, et résultant de la suppression de sa collection particulière, opérée lorsqu'il a été nommé à la chaire du Muséum.

339 échantillons ont été enregistrés et ajoutés à la collection depuis le 1<sup>er</sup> janvier 1833.

Ces 7,286 échantillons sont groupés sous plusieurs points de vue différents pour former autant de collections spéciales.

La première et la plus grande de ces collections est celle des armoires vitrées, qui a existé de tout temps et qui présente au public la série de toutes les espèces avec leurs principales variétés, leurs principaux gisements et leurs principales localités.

Ces séries sont formées des échantillons les plus beaux et les plus volumineux. Nous avons placé tous ces échantillons sur des socles qui portent l'étiquette de la pièce; et pour que cette étiquette, qui doit offrir toutes les notions nécessaires à la connaissance de la pièce, puisse toujours s'y rapporter, on a placé sur chaque morceau, de la manière la plus solide possible, un numéro d'ordre qui est reporté sur l'étiquette de carton.

Nous avons ajouté dans ces derniers temps, à cette grande collection des armoires vitrées, cinq autres collections formées sous autant de points de vue différents ; savoir :

1° Une collection disposée méthodiquement dans plus de deux cents tiroirs. Elle est destinée à l'étude de la minéralogie dans ses plus petits détails ; elle a pour 1ᵉʳ objet de permettre de laisser toujours dans leur place les minéraux des armoires, et d'éviter ainsi les dérangements et les accidents auxquels de fréquents transports les exposent. Cette collection en tiroirs se compose en outre de toutes les variétés d'espèce et de localité connues, en sorte qu'elle doit présenter, dans la suite des temps, l'histoire la plus détaillée de chaque espèce minérale ;

2° Une collection sous cages de verre de tout ce qui est relatif aux caractères des minéraux et aux généralités de la minéralogie ;

3° et 4° Des collections sous cages de verre de toutes les considérations physiques et géologiques que peuvent présenter les espèces minérales, telles que leur altération, leur manière de se présenter dans le sein de la terre, leurs associations les plus ordinaires, les concrétions, les formes diverses, mais non cristallines, etc. ;

5° Enfin une collection par ordre alphabétique de tous les minéraux trop peu connus pour être introduits dans la série méthodique.

L'emploi d'un grand nombre d'échantillons qu'ont nécessité les collections spéciales que nous venons de faire connaître n'a pas empêché de donner des collections ou des parties de collections à plusieurs villes et à plusieurs établissements publics. La collection de minéralogie a fourni depuis 1823 environ 700 échantillons à quatorze établissements différents.

Tel est à peu près l'état actuel de la collection de minéralogie ; néanmoins, malgré cette augmentation en onze ans de plus de 3,000 pièces, malgré la formation de plusieurs collections spéciales, la collection de minéralogie du Muséum est loin d'avoir reçu un accroissement proportionnel à celui qui a enrichi les autres parties de l'établissement, et elle est plus loin encore de rivaliser en nombre et en beauté d'échantillons avec plusieurs collections étrangères. Nous avons trop souvent indiqué la cause de cette lenteur d'accroissement pour qu'on l'ignore ; elle résulte de ce qu'en minéralogie les voyageurs, ne trouvant rien d'eux-mêmes, ne peuvent enrichir la collection minéralogique qu'en achetant les échantillons rares, précieux et chers, qui seuls conviennent à la première collection de France. Or, les minéraux sont tous des objets de commerce : presque aucun d'eux ne se trouve par rencontre fortuite. Avec de l'activité, du zèle, de l'adresse et du courage, des voyageurs naturalistes peuvent se procurer les choses les plus remarquables en zoologie et en botanique. Il n'est pas besoin de dire que de tels moyens ne suffisent pas pour avoir et procurer au Muséum de beaux minéraux. On ne pourrait pas même parvenir à former par de tels efforts une collection d'étude complète.

La minéralogie est donc une partie de l'histoire naturelle dont les collections n'augmenteront jamais en beauté, ne rivaliseront jamais avec les riches collections publiques et particulières d'Angleterre, avec les belles, brillantes et célèbres collections de Vienne, de Dresde, et surtout de Berlin, tant qu'elles n'auront pour s'accroître que les voyageurs et les dons des particuliers.

La collection du Muséum, sauf quelques belles pièces, est de la plus grande pauvreté dans les espèces et articles suivants :

1° En exemples, présentant des variétés de formes de cristaux, de toutes les espèces minéralogiques. Haüy a décrit, dans l'édition posthume de sa minéralogie, publiée en 1823, plus de 950 variétés de forme. La collection de minéralogie du Muséum de cet établissement national, où la belle théorie d'Haüy et la vraie christallographie ont pris naissance, ne possède pas le tiers de ces variétés, et encore la plupart des échantillons qui les offrent sont-ils indignes d'une grande collection publique;

2° Les minéraux que le public se plaît à voir, que les élèves et les savants ont difficilement occasion d'étudier, en raison de leur prix, que les artisans qui emploient des pierres fines recherchent pour leur instruction, ne présentent dans la collection du Muséum rien que la collection d'un particulier aisé ne puisse facilement offrir. Nous devons préciser cette assertion par l'indication des principales de ces vraies lacunes.

1° *Diamant :* Il n'y a en variété de forme que quelques exemples d'un très-petit volume. La série des variétés de couleur est absolument incomplète.

Il en est de même à peu près des espèces :

Corindon,
Topaze,
Émeraude,
Euclase,
Spinelle,

dont les variétés de formes intéressantes pour la science, les variétés de couleurs, d'éclat, etc., intéressantes pour l'art du joaillier, manquent presque entièrement, ou sont indiquées par des échantillons qu'on admettrait à peine dans une collection d'étude ;

2° Les lacunes que nous venons de signaler dans la série des minéraux employés dans les arts d'ornement se présentent encore d'une manière plus ou moins complète dans presque toutes les espèces minérales recherchées pour la beauté et l'intérêt de la cristallisation. On en a donné l'énumération dans le rapport précité ;

3° et 4° La quatrième sorte de lacune est relative aux espèces et variétés nouvelles ; elle est moins considérable, et, chose remarquable, elle se comblera d'autant plus vite qu'on trouvera plus de moyens de combler les premières ; car, le Muséum n'achetant rien, le nombre des amateurs étant considérablement diminué, il ne vient presque plus de ces marchands de minéraux qui apportent des pays étrangers les espèces qui y ont été découvertes ou établies.

Tel est l'état actuel de la collection de minéralogie, telles sont les principales lacunes qui s'y font remarquer. Voyons quels seraient les moyens de les remplir.

Le premier et presque le seul efficace pour remplir ces lacunes et pour introduire dans cette collection les améliorations désirables dans l'intérêt de la science et dans celui de ses nombreuses applications aux arts, ce sont des fonds suffisants pour faire des acquisitions utiles quand l'occasion se présente.

Il faudrait, *dans le moment présent, 30 ou 40,000 francs* pour mettre en un ou deux ans la collection du Muséum au niveau des grandes collections de l'Europe. Si cette demande paraît considérable au premier moment, on verra, en y réfléchissant, que cette dépense est de beaucoup inférieure à ce qu'ont coûté en dix ans les autres parties de la collection du Muséum.

Les voyageurs naturalistes qui ont employé depuis dix ans au moins 200,000 francs pour enrichir les collections zoologiques et de botanique, n'ont pas mis dans cet espace de temps pour 3,000 francs de minéraux dans la collection de minéralogie.

Cette collection n'a d'autre personnel que le professeur et son aide.

Elle ne coûte rien en bocaux, esprit-de-vin, préparation, etc.

Elle ne peut enfin rien avoir de beau qu'en l'achetant.

Or, nous pensons qu'en réduisant au plus bas taux les acquisitions à faire en dix ans, il faudrait lui accorder pendant cette période, et pour acquisitions seulement, un fonds extraordinaire de 3,000 francs par an.

Augmentation demandée : Matériel, 3,000 francs.

## § XI.

### CHIMIE. — COLLECTIONS DE PRODUITS CHIMIQUES.

Jusqu'à présent les collections du Muséum n'ont renfermé que des objets naturels, c'est-à-dire tels qu'on les rencontre dans la nature. Ainsi, pour ne citer qu'un exemple, quoique l'on connaisse aujourd'hui cinquante-quatre corps simples, on n'en voit figurer que dix environ dans la collection de minéralogie, parce que les autres sont un produit de l'art et qu'ils n'ont pas encore été trouvés à l'état natif. Cette distinction, fût-elle fondée, ne devrait pas être un obstacle à une collection des produits de l'art; mais elle ne l'est pas. Les corps simples ou composés obtenus par le chimiste sont le résultat des mêmes forces que la nature emploie dans son vaste laboratoire, et le chimiste dans le sien ne fait autre chose que réunir les circonstances favorables à l'action de ces forces et à la production de composés nouveaux. Une collection des produits de l'art est donc un complément nécessaire de celles des produits de la nature. Non-seulement elle excitera dans l'observateur un noble sentiment d'orgueil et de curiosité; elle offrira encore un aliment précieux à l'instruction, et provoquera d'utiles applications.

On s'attacherait, en formant cette collection, à faire choix de tous les corps les plus importants pour la sciences et les arts, et on négligerait tous ceux qui offriraient peu d'intérêt.

On pense qu'un fonds annuel de 6,000 fr. serait nécessaire    6,000ᶠ pendant les cinq ou six premières années pour compléter cette collection. Il est à présumer qu'elle s'enrichirait par la suite de beaucoup de dons volontaires, et que son entretien deviendrait moins dispendieux.

L'expérience a démontré que la somme allouée aux dépenses que nécessitent les deux cours de chimie est insuffisante. Pour qu'ils soient faits avec tous les détails et les expériences conve-nables, il est nécessaire d'ajouter pour chacun une somme de 500 fr., et d'avoir un préparateur de plus, qui, devant être un    1,000ᶠ homme habile et toujours au niveau de la science, ne sera jamais engagé que pour une année, et ne pourra être payé moins de........................................................ 1,500ᶠ

$$\text{Augmentations demandées} \begin{cases} \text{Matériel} \ldots \ldots \; 7,000^f \\ \text{Personnel} \ldots \ldots \; 1,500 \end{cases}$$

## § XII.

### BIBLIOTHÈQUE.

 Nous avons porté dans l'état présenté l'année dernière le nombre des volumes à 13,000, non compris les brochures très-nombreuses qu'on a classées méthodiquement et distribuées dans des cartons.

Elle s'est augmentée depuis de 400 volumes par suite d'achats ou de dons, soit de différents ministères, soit de particuliers.

On pourra comprendre aussi sans doute dans les acquisitions de cette année la partie de la bibliothèque de M. Cuvier, que M. le Ministre se dispose à nous faire remettre, et dont il pourra se faire donner le chiffre dans ses bureaux.

La somme allouée à la bibliothèque a été portée dans le dernier budjet à 4,600 fr.; elle sera encore bien loin d'être suffisante. En effet celle de M. Cuvier nous grèvera d'un certain nombre de souscriptions plus ou moins dispendieuses qu'il faudra continuer, et nécessitera des dépenses considérables de reliures, car les livres brochés y abondent, et s'ils convenaient ainsi dans une bibliothèque particulière, ils ne pourraient se conserver dans une bibliothèque publique. Il resterait donc bien peu de fonds pour achats de livres nouveaux, et ceux-ci se multiplient pourtant dans une proportion prodigieuse. Ils sont pourtant absolument nécessaires, puisque ce n'est qu'à leur aide que tous les objets des collections peuvent être déterminés. Lorsqu'on aura bien reconnu et établi l'utilité des bibliothèques spéciales, nous croyons qu'on pensera que 10,000 fr. sont nécessaires pour mettre et tenir celle des sciences naturelles au courant. Nous estimons que la somme annuelle doit être portée dès à présent à 8,000 fr., c'est-à-dire augmentée de 3,400 fr.[1], ci. 3,400,

Le service est fait par trois employés seulement : un bibliothécaire, un garçon et un portier, pour qui cette place est une retraite. L'un des trois ne peut s'absenter momentanément sans que le service en souffre, et que les livres ne courent quelque risque. D'une autre part le nombre des lecteurs augmente, et il continuera à augmenter avec celui des livres. Quand ils vont être accrus tout à coup de près de la moitié, il n'y a pas de doute qu'il ne soit nécessaire d'augmenter le personnel d'un employé. Il faudrait deux garçons pouvant donner tous deux les livres au public, l'un assez instruit en outre pour pouvoir faire des écri-

[1] Il est évident qu'avec cette somme annuelle, ce n'est qu'en un grand nombre d'années que la bibliothèque spéciale se mettrait au courant. Si on voulait l'y mettre dès à présent, il faudrait une somme de 100,000 francs au moins, somme dont l'emploi pourrait être distribué en dix années. Une partie des livres serait fournie par le commerce, une autre par les ventes des grandes bibliothèques en Europe.

tures. Nous estimons pour son traitement nécessaire une somme
de............................................................. 1,000$^f$

Augmentations demandées. { Matériel...... 3,400$^f$
{ Personnel..... 1,000

## § XIII.

### DESSINS.

Des besoins plus impérieux ont obligé de diminuer progressivement
les fonds alloués aux dessins. Ces besoins autrement satisfaits, on doit
élever un peu le crédit de cette partie vraiment utile. On pense à s'en
servir encore plus avantageusement pour la science en faisant exécuter,
outre les dessins destinés à la collection des vélins, des figures à l'usage
des élèves, soit dans les cours, soit dans les galeries où les caractères
zoologiques se trouveraient placés près des genres. On propose donc d'élever à 6,000 fr. le fonds qui est évalué à 4,000 fr. pour 1834, ci. 2,000$^f$

Augmentation demandée. Matériel....... 2,000$^f$

Il résulte de tous les détails qui précèdent, que la somme annuelle
nécessaire pour subvenir aux besoins du Muséum en 1835 et années
subséquentes, s'élève à 425,000 francs.

Le tableau ci-joint indique la distribution de cette somme entre les
diverses parties du service du Muséum telles qu'elles sont désignées dans
le budget du ministère de l'instruction publique en 1834.

*TABLEAU*

*TABLEAU des augmentations de crédits demandées pour l'année 1835, comparativement avec les crédits de l'exercice précédent.*

| | CRÉDITS de 1834. | AUGMENTATION demandée. | CRÉDITS DEMANDÉS pour 1835. |
|---|---|---|---|
| **PERSONNEL.** | | | |
| Traitements de 13 professeurs à 5,000f............ | 65,000f | // | 65,000f |
| *Idem* des aides-naturalistes, préparateurs, bibliothécaire, maîtres de dessin, gardes des galeries, garçons de salles et de laboratoire, jardiniers chefs de service, gardiens de la ménagerie, chefs d'ateliers et autres employés des diverses parties de l'établissement, au nombre de 106, y compris l'augmentation demandée................................. | 124,000 | 15,800f | 139,800 |
| Gratifications aux employés ayant moins de 1,800 fr... | 3,000 | // | 3,000 |
| **VOYAGEURS NATURALISTES.** | | | |
| Traitement de 8 naturalistes voyageant dans les Indes-Orientales, la Perse, la Géorgie, l'île de Madagascar, l'Afrique méridionale, le Brésil, le Chili et le Pérou.. | 25,000 | // | 25,000 |
| **MATÉRIEL.** | | | |
| Galeries. — Frais des cours et de la bibliothèque, achat de livres, frais de bureau de l'administration, dépenses des laboratoires pour la préparation, la conservation et l'arrangement des objets d'histoire naturelle de toute espèce; acquisitions d'objets de zoologie, d'anatomie, de botanique, de géologie, de produits chimiques; entretien des galeries, etc........... | 44,000 | 31,000 | 75,000 |
| Jardin. — Salaires des journaliers, dépenses des serres et des écoles de botanique et de culture, achat de terre et tannée, ustensiles, voitures; achat de graines et de plantes vivantes; frais d'envoi et de réception de végétaux; correspondance spéciale, etc............ | 27,000 | 6,200 | 33,200 |
| Ménagerie.—Nourriture des animaux, fourrages, grains, pain, viande, légumes, entretien, ustensiles, salaires de journaliers, achat et transport d'animaux, etc... | 43,000 | 4,000 | 47,000 |
| Ateliers et entretien. — Menuiserie, serrurerie, vitrerie, peinture pour armoires, tablettes, gradins, socles, boîtes, caisses d'arbres, caisses pour l'envoi des graines, entretien et nettoyage du vitrage des serres et galeries, armatures des squelettes, etc., treillages, imprimerie, étiquettes, balayage intérieur et extérieur, etc............................................. | 24,400 | // | 24,400 |
| Bois de chauffage, pour les serres, les loges, les galeries, la bibliothèque, les laboratoires, etc............. | 8,600 | 4,000 | 12,600 |
| | 364,000. | 61,0000 | 425,000 |

Arrêté en séance, le 29 novembre 1833.

*Les Professeurs administrateurs du Muséum,,*

L. CORDIER, directeur; GEOFFROY SAINT-HILAIRE; A. DE JUSSIEU, pour le secrétaire,

4

# RAPPORT

SUR

## LA BIBLIOTHÈQUE ROYALE,

PRÉSENTÉ A M. LE MINISTRE DE L'INSTRUCTION PUBLIQUE.

PAR LE DIRECTEUR, PRÉSIDENT DU CONSERVATOIRE.

L'ordonnance du 14 novembre 1832, qui réorganise l'administration de la Bibliothèque royale, rentre dans l'esprit de la loi de l'an IV constitutive de ce grand établissement, et sous l'empire de laquelle il n'a pas cessé d'être, sauf les modifications réglementaires qu'elle a subies à diverses époques. Cette ordonnance rétablit la disposition de la loi qui voulait que chaque département de la bibliothèque eût au moins deux conservateurs ; elle consacre le principe et l'existence des conservateurs-adjoints ; elle les admet aux conseils de l'administration, elle investit le président du conservatoire d'attributions nouvelles qui augmentent son influence, son pouvoir et ses moyens d'action, et, sans rien changer au mode de son élection, le rend quinquennal d'annuel qu'il était.

Le résultat immédiat de cette ordonnance a été une augmentation dans le personnel de la Bibliothèque royale, conséquemment une diminution dans les fonds destinés à accroître et à entretenir les quatre collections dont elle se compose.

Le résultat ultérieur qu'on s'en est promis était « de donner une nouvelle

4 *

« activité à tous les travaux ; de mettre les moyens de l'administration plus
« en rapport avec les besoins toujours croissants de la Bibliothèque, et les
« agrandissements de tout genre qu'elle a reçus depuis 1796, époque de la
« promulgation de la loi qui la régit ; de maintenir les avantages reconnus
« de cette administration collective, en corrigeant les défauts qu'une expé-
« rience de quarante ans a fait découvrir ; enfin de prévenir des abus contre
« lesquels la responsabilité ministérielle ne serait point à couvert. »

Après une année d'exercice, il est possible de juger si le résultat qu'on
attendait de l'organisation nouvelle a été obtenu, et de prévoir si le but
vers lequel elle tend sera prochainement atteint. Était-elle nécessaire?
A-t-elle arrêté le mal qu'on voulait détruire, et empêché de renaître les
inconvénients qu'on avait remarqués? « A-t-elle enfin, comme on l'espérait,
« donné une activité nouvelle à tous les travaux, amélioré les diverses
« parties du service, et préparé la voie à des améliorations successives? »

Ce sont là des questions qui peuvent se résoudre par le simple exposé
de ce que la nouvelle administration a trouvé à faire, de ce qu'elle a fait,
de ce qu'il lui reste à faire encore. D'après cet exposé, qui sera en même
temps celui des ressources et des besoins du grand établissement qui lui
est confié, on pourra juger si la marche qu'elle a suivie l'approche du
but vers lequel elle ne cessera de tendre, savoir : d'établir dans les diverses
parties de ce vaste ensemble l'ordre et la régularité qui lui ont manqué
jusqu'ici ; d'y introduire cette harmonie qui seule peut lui garantir son
heureuse influence sur les progrès des connaissances humaines.

Tel est l'objet du rapport que le président du conservatoire, directeur
de la Bibliothèque, adresse à M. le ministre de l'instruction publique,
conformément à l'article 5 de l'ordonnance du 14 novembre 1832.

---

Aussitôt que le conservatoire se fut constitué d'après les bases fixées
par cette ordonnance, son premier soin fut de procéder à la révision du
règlement, pour le faire concorder avec les dispositions qu'elle avait
établies. Le règlement en vigueur avait été rédigé par suite de l'ordonnance de 1828, et ne contenait guère que les dispositions de celui de

l'an IV, sauf quelques articles nouveaux nécessités par l'ordonnance même. Ces deux règlements, composés seulement de soixante articles, se sont trouvés très-incomplets, principalement en tout ce qui concerne le service public, c'est-à-dire en ce qu'il y a de plus essentiel.

## § I<sup>er</sup>.

### DU NOUVEAU RÈGLEMENT.

En composant ce règlement, l'administration a eu constamment devant les yeux la nécessité de remédier dès à présent à tous les inconvénients qu'on pouvait immédiatement atteindre, et de préparer la voie aux améliorations que l'expérience pourra conseiller par la suite. Pour cela, elle a dû s'attacher à quelques dispositions fondamentales, afin de concilier, autant que possible, deux conditions presque inconciliables, la conservation des objets et leur communication facile ; d'augmenter les moyens d'instruction pour le public studieux, et en même temps de mieux garantir la sûreté et le bon état de tant de collections précieuses. Toutes les dispositions qui doivent y concourir sont divisées en cent trente-cinq articles, rangés sous quatre titres principaux.

Le premier titre, celui de *l'administration*, est celui qui contient le moins de dispositions nouvelles, parce qu'ayant presque toutes un caractère général, elles avaient été prévues dans les règlements antérieurs ; on en a cependant introduit quelques-unes d'importantes, outre celles qui étaient une conséquence forcée de la nouvelle ordonnance. On remarquera surtout les articles 28 et 29, qui se rapportent au mode à suivre dans les acquisitions et aux garanties qu'elles doivent offrir pour le choix des livres à acheter ; et l'article 20, qui interdit aux conservateurs de former des collections particulières d'objets rares dans le genre de ceux dont la conservation leur est confiée ; disposition jugée nécessaire, afin que le vif intérêt qu'un possesseur attache toujours à sa collection, ne puisse jamais se trouver en opposition ou même en rivalité avec celui qu'un conservateur doit exclusivement prendre à la collection publique qui lui est confiée.

Mais le titre II, concernant le *service public,* a été établi sur des bases entièrement nouvelles.



Un des inconvénients qu'on s'est attaché à faire disparaître est la confusion des deux classes de personnes qui fréquentent la Bibliothèque ; les unes dans un but d'étude, tous les jours ; les autres dans un but de curiosité, deux fois par semaine.

Jusqu'ici les travailleurs et les curieux se sont trouvés partout confondus, au détriment des premiers : l'inconvénient a été faible pour le département des estampes, où l'on a moins besoin de silence et de recueillement, et pour celui des antiques, où, les jours publics, l'ouverture des armoires est interdite, et l'étude interrompue. Mais il a toujours été extrêmement grave pour les départements des imprimés et des manuscrits, où les lecteurs, placés comme dans un passage, étaient dérangés deux fois par semaine, ou pour mieux dire, tous les jours ; car les galeries des imprimés et des manuscrits restaient par le fait ouvertes chaque jour aux curieux. La mauvaise disposition du local empêchait qu'il en fût autrement.



Le règlement a donc établi en *principe* (art. 37) que, dans chaque département, quand le local le permettra, une salle particulière et isolée sera consacrée à l'étude. Par cet article on préparait la possibilité d'une amélioration réclamée depuis longtemps, le chauffage des pièces où le public studieux est admis. On ne pouvait songer à chauffer ces immenses salles communiquant entre elles, et malgré les réclamations continuelles, la Bibliothèque, quoique réputée *publique,* cessait réellement de l'être pendant les trois mois d'hiver.



La privation de chauffage, ce reste de barbarie qui disparaîtra bientôt, on l'espère, n'est pas seulement préjudiciable au public ; elle l'est également aux travaux intérieurs. Quel travail suivi peut-on attendre, peut-on exiger d'employés transis de froid ?

Mais, pour le département des imprimés, l'établissement de cette salle de lecture présente d'autres avantages non moins importants.



Il faut en effet remarquer que ce département, composé de plus de 700,000 volumes, dont 400,000 peuvent être demandés, répartis dans *quatre étages,* est d'un service extrêmement difficile et compliqué ; les livres y étant rangés par matière, non par ordre de rareté, le livre de l'usage le plus habituel peut être aussi difficile à trouver, et exiger autant de peine et de temps que le livre le plus rare. Il y a un moyen simple de rémédier à cet inconvénient, c'est de réunir dans une salle déterminée et circonscrite les livres qui forment le premier besoin de toute bibliothèque; les dictionnaires de toutes les langues; les traités élémentaires et généraux de toutes les sciences ; les meilleures éditions et traductions des auteurs classiques anciens et modernes; les meilleurs ouvrages d'histoire, les meilleurs voyages, les œuvres complètes des principaux polygraphes de tous les pays. Une bibliothèque particulière ainsi choisie doit suffire aux besoins des 3/4 des lecteurs qui seront servis à point nommé; et les recherches longues et pénibles de livres n'auront plus lieu que pour un très-petit nombre de lecteurs. (Art. 46.)

En excluant de cette salle tous les livres de littérature légère et frivole, ou en ne les communiquant que comme exception, pour des travaux littéraires, on réduit les lecteurs aux personnes sérieuses, les seules dont il est réellement utile d'encourager les études ou les travaux. (Art. 47.)

La Bibliothèque royale doit aussi tirer un avantage bien précieux d'une autre disposition (art. 76) qui défend de *prêter* au dehors aucun des livres qui forment la bibliothèque de la salle de lecture. Antérieurement, on prêtait sans distinction les ouvrages de tout genre; les livres usuels comme les livres rares. Il en résultait que très-fréquemment les lecteurs étaient privés de la faculté de consulter les livres les plus utiles; tels que les traités élémentaires ou généraux d'histoire, de chimie, de médecine ou de droit, parce qu'on les avait prêtés. Cet inconvénient cessera d'avoir lieu; le public aura toujours sous la main les ouvrages où il peut puiser une instruction solide et approfondie.

Ce n'est pas tout encore. Jusqu'alors le public, disséminé dans toutes les salles, ne pouvait qu'être imparfaitement surveillé ; de là de fréquentes soustractions de livres, même d'un assez grand format, et, ce qui n'est pas moins grave, de honteuses mutilations : il est arrivé trop fréquemment que des lecteurs ont arraché des portions de livres qui les intéressaient pour s'épargner la peine de les copier, ou les estampes des livres à figures ; et il est malheureusement trop vrai que, par suite de cet odieux abus de confiance, un assez graud nombre d'ouvrages ont disparu ou sont dépareillés, et que beaucoup de voyages et de livres à figures sont mutilés. De pareils abus deviennent bien plus difficiles lorsque les lecteurs, réunis dans une seule salle, sont plus rapprochés les uns des autres, et plus complétement surveillés.



Après avoir assuré la conservation des livres communiqués dans l'intérieur, il fallait régulariser le prêt au dehors. L'abus du prêt avait été l'objet de réclamations nombreuses et malheureusement fondées. Une réforme était urgente. Un trop grand nombre d'ouvrages, sorti à la fois de la bibliothèque, était enlevé à la circulation journalière ; et le public se voyait indéfiniment privé des livres les meilleurs et les plus utiles, car c'étaient ceux-là surtout qu'on empruntait. Une fois prêtés, ils ne rentraient pour la plupart qu'à la volonté de l'emprunteur, parce que, faute d'un double registre, il devenait souvent difficile de savoir en-quelles mains ils avaient passé. Combien de livres sont ainsi demeurés absents 10, 20 et 30 années ! Combien ont paru dans des ventes ou ont été retrouvés exposés sur les quais ! Combien d'autres sont restés de père en fils dans la bibliothèque particulière où ils avaient élu domicile ! Combien enfin ont été perdus pour la Bibliothèque par suite du coupable enlèvement de l'estampille qui en aurait trop facilement constaté l'origine !



On s'était habitué à cet abus du prêt des livres, au point de perdre de vue que la Bibliothèque est faite, en premier lieu, pour ceux qui viennent y lire ; que le lecteur, qui a traversé tout Paris pour consulter un ouvrage, a droit, avant tout autre, au livre dont il a besoin, quand la Bibliothèque le possède. Le prêt est un utile privilège établi en faveur des études sérieuses ; mais il ne doit porter aucun préjudice à la masse des lecteurs ; on doit faire en sorte qu'il n'enlève de la circulation qu'un petit nombre d'ouvrages, et ceux-là seulement qui sont le moins demandés ; par conséquent il n'y faut admettre qu'un petit nombre de personnes, offrant toute garantie de solvabilité en cas de perte, et connues pour se livrer à des travaux solides et sérieux ; il faut n'en prêter que peu à la fois, pour un temps fixe et limité, et conserver toujours la faculté de faire rentrer à l'instant le livre qui serait demandé par le public. Telles sont les considérations qui ont dicté les articles 74 à 86, où tous les inconvénients qui peuvent résulter du prêt des livres sont, autant que possible, prévenus ou diminués.

Le chapitre IV de ce titre concerne la visite des collections par le public, dans un but de curiosité. L'esprit du nouveau règlement, à cet égard, se révèle dans l'article 93, qui prescrit d'établir au département des estampes, aussitôt que le local le permettra, une salle d'exposition où seront rangées les plus belles gravures, de manière à présenter une histoire de la gravure par les chefs-d'œuvre qu'elle a successivement produits. C'est annoncer l'intention d'instruire même ceux qui viennent se distraire. Plusieurs des nouvelles dispositions introduites dans les autres départements ont été inspirées par le désir de faire tourner la curiosité même au profit de l'instruction.



Le titre III est relatif aux *employés auxiliaires* et *surnuméraires,* et au mode de leur admission et de leur avancement. Tous les articles qu'il contient ne sont que le développement et la conséquence de l'article 7 de l'ordonnance.

Enfin le quatrième et dernier titre comprend tous les articles relatifs aux garçons de service. Une disposition nouvelle place à leur tête un chef qui surveille les cours et autres lieux non fermés, et donne de l'unité et de l'ensemble à toutes les parties du service.

Telles sont les dispositions essentielles du nouveau règlement; cet exposé suffit pour en faire apprécier l'ensemble. On voit quil établit et qu'il prépare des améliorations notables dans les parties les plus importantes de l'administration intérieure. Il faut maintenant indiquer ce qui a été fait déjà, dans l'année qui vient de s'écouler, pour se conformer à l'esprit de ce règlement.

Mais nous devons faire observer qu'une difficulté que l'administration n'avait pas pu prévoir, est venue compliquer ses opérations ou du moins les soumettre à une condition d'éventualité qui a dû entraver sa marche. A peine le règlement était il rédigé, que la grande question du déplacement de la Bibliothèque a été soulevée, agitée dans les chambres et enfin ajournée. Cette question si grave, qui touche à de si grands intérêts, et dont une solution quelconque est encore en suspens, a dû nous faire craindre que toute amélioration dans l'arrangement du local actuel ne fût différée jusqu'à décision définitive. Il a donc fallu, pour ne pas s'interdire la possibilité d'améliorations urgentes, réduire, autant que possible, les travaux. qu'elles pouvaient exiger, les subordonner à l'éventualité d'un futur déplacement, et toutefois faire en sorte qu'ils ne fussent point perdus si la Bibliothèque restait dans l'emplacement qu'elle occupe. Sans cette double condition, on ne pouvait espérer que l'administration supérieure consentît aux travaux qu'exigeraient les changements proposés. Ainsi, il fallait renoncer à l'idée de nouvelles constructions, et réduire extrêmement tous travaux de maçonnerie: percer des portes, élever des cloisons, ménager des communications, placer des armoires, des casiers, des meubles qu'on pourra transporter à volonté; tels sont les travaux auxquels l'état précaire de la Bibliothèque forçait de se restreindre, et auxquels on devra se borner en effet jusqu'à ce qu'il soit décidé qu'elle restera où elle est à présent.

Il importait de connaître ce nouvel obstacle pour pouvoir apprécier la convenance et l'opportunité des mesures auxquelles l'administration a dû s'arrêter.

## §. II.

### DU DÉPARTEMENT DES IMPRIMÉS.

Quoique la Bibliothèque royale soit composée de quatre départements, il ne faut pas perdre de vue que celui des imprimés est à lui seul de beaucoup plus considérable que tous les autres; que l'immense quantité des objets qu'il comprend; les accroissements considérables qu'il reçoit chaque année et qui nécessitent constamment une augmentation de local; la circulation continuelle des livres pour la communication à l'intérieur ou au dehors; le public nombreux qui chaque jour y afflue; le grand-nombre d'employés nécessaires pour tenir les catalogues au courant et pour suffire au service public : tout place ce département hors de parallèle avec aucun autre. Plus le travail y est grand et varié, plus le désordre peut facilement s'y introduire. C'est sur ce point que les plus grands efforts et les lumières de l'administration doivent se diriger.

1<sup>re</sup> SALLE DE LECTURE.

Le premier soin a été de choisir l'emplacement de la salle de lecture. Les conditions paraissaient difficiles à remplir. Il fallait un emplacement assez vaste pour contenir 25 à 30,000 volumes, nombre auquel on évaluait la bibliothèque *usuelle* qu'on devait y réunir, et pour recevoir au moins 120 personnes, puisque l'expérience a fait connaître que c'est à peu près là le maximum du nombre des lecteurs qui se trouvent réunis à la fois dans les salles de la Bibliothèque lorsqu'elle est le plus fréquentée; il fallait de plus qu'elle fût à proximité des collections principales de manière à déranger le moins possible l'état habituel du service; que l'entrée en fût tout à fait indépendante du reste de la Bibliothèque, sans être un obstacle au libre accès des grandes salles, les jours publics; enfin qu'elle ne détruisît pas par un retranchement mesquin leur aspect monumental.

Ces conditions sont réunies dans la salle autrefois dite de *Voltaire*, qu'on a choisie; on y arrive par un superbe escalier, jusqu'alors encombré de vieux livres et de meubles poudreux; un tambour vitré garantit les lecteurs de l'impression immédiate de l'air extérieur. Cette salle est séparée du reste de la Bibliothèque par une belle cloison vitrée qui permet aux curieux, arrivés par l'autre extrémité, de *voir* les travailleurs mais sans les déranger. Un petit escalier, pratiqué dans un des angles, donne un accès facile aux étages supérieurs; un autre escalier permet de descendre au rez-de-chaussée où sont les ouvrages rares sur grand papier, et ceux qui paraissent par livraisons; en sorte que toutes les parties du service sont devenues plus commodes et plus faciles. La grandeur de cette salle, qui a 190 pieds de long et 25 de large, a permis d'y admettre cent cinquante lecteurs, ou trente de plus qu'on n'en recevait auparavant dans toutes les salles à la fois. D'ailleurs en été, la salle des globes, maintenant séparée de celle de lecture par deux portes vitrées pour éviter le froid, y sera réunie et fournira encore environ quarante places.

Tous ces travaux ont été exécutés pendant les six semaines de vacances; on n'a pu réunir encore dans la salle qu'environ 10,000 volumes; mais, aux vacances prochaines, l'opération sera continuée, et

5 *

l'on achèvera de remplir cette salle des livres qui doivent former la bibliothèque usuelle, au nombre de 25,000 environ. On peut dès à présent en prévoir l'heureux résultat, puisqu'une expérience de plusieurs mois a déjà prouvé que la *moitié* environ des lecteurs demandent des livres de la salle de lecture ; le service en est déjà simplifié d'autant. On juge combien il sera facilité, quand la bibliothèque usuelle sera au complet. L'année prochaine cette salle bien close (dont la température en hiver est déjà bien plus supportable que n'était celle des autres, ouvertes à tous les vents), sera chauffée au moyen de calorifères.

En dégarnissant de leurs tables les grandes salles abandonnées, on n'a pas négligé de remplacer ces tables d'une manière utile et convenable tout à la fois. Le plan en relief des pyramides, auparavant placé dans un angle obscur, a été restauré et mis au centre de la grande galerie ; la statue de Voltaire, par Houdon, un des meilleurs ouvrages de ce maître, reléguée auparavant dans la partie la plus reculée de ce qui est aujourd'hui la salle de lecture, a été placée au centre de la salle d'introduction, où elle annonce dignement ce grand dépôt des connaissances humaines. Enfin, toutes ces galeries ont été meublées de *porte-atlas,* destinés aux ouvrages en grand papier et à figures, qui seront apportés des salles du rez-de-chaussée, ce qui épargnera beaucoup de temps et simplifiera le service. Déjà six de ces meubles sont terminés, en place et remplis ; on peut en juger l'effet et l'utilité.

*Porte-atlas dans les salles abandonnées.*

La traverse du Parnasse qui mène à la cloison vitrée a été embellie de quelques-unes des caisses de momies que possède le cabinet des antiques, et que l'exiguité du local avait obligé de reléguer dans les étages supérieurs, où elles étaient soustraites aux regards du public. On aurait augmenté le nombre des objets placés dans cette traverse, sans la nécessité de ne point entraver le service des livres imprimés.

*Embellissements de la salle du Parnasse.*

Outre ces dispositions, on a fait des réparations utiles. Toutes les serrures des grilles qui défendent les livres placés sur les tablettes ont été réparées et garnies d'un appareil qui ne permet plus de les ouvrir qu'avec une clef. Auparavant la plupart pouvaient s'ouvrir avec le doigt. En outre, les portes des escaliers intérieurs restaient ouvertes tout le temps

*Réparations utiles à la sûreté.*

du service ; et l'on rencontrait quelquefois dans les salles supérieures et les combles des gens qui en avaient cru l'entrée permise, puisqu'elle paraissait libre. A présent ces portes retombent toutes d'elles-mêmes, et les employés seuls y peuvent pénétrer. Toutes ces améliorations portent sur des détails essentiels.

## 2° Travail des catalogues et registres. — Mesures d'ordres.

On aurait bien désiré faire marcher d'un pas égal le travail arriéré des catalogues ; mais on ne doit pas dissimuler qu'il a été presque impossible de s'y mettre pendant cette première année. Au milieu des travaux extraordinaires qui ont été entrepris et exécutés, on n'aurait pu arriver à ce résultat sans l'augmentation du nombre des employés. La commission des bibliothèques avait reconnu que le nombre de ceux du département des imprimés était insuffisant. Comme le service public réclame le concours d'au moins huit employés, il n'en restait que deux qu'on pût occuper aux catalogues, tandis que le triple et le quadruple de ce nombre est nécessaire pour qu'on puisse songer à mettre ces catalogues au courant. La commission avait demandé au moins quatre employés de plus. Ce nombre vient tout récemment d'être atteint. D'abord, aux termes de l'ordonnance, quatre surnuméraires ont été présentés par les conservateurs au commencement de l'année, et quelques mois après deux de ces surnuméraires ont reçu le titre d'*auxiliaires,* aux appointements de 1,200 francs. Dans le cours de décembre, les deux autres ont reçu le même titre ; et successivement leur place a été remplie par deux autres auxiliaires, en sorte que le département, à partir de janvier prochain, aura huit personnes de plus qu'auparavant, dont quatre employés aux appointements de 1,200 fr., et quatre surnuméraires ne recevant qu'une gratification facultative qui ne peut pas excéder 600 fr.

C'est à partir de cette époque qu'on pourra entreprendre des travaux suivis, et songer à remplir les lacunes immenses du catalogue.

Cette année, il n'a été possible, comme on vient de le dire, que de suffire au service public et de créer plusieurs services spéciaux, tels que celui du prêt, et la tenue d'un registre pour les livres qui entrent par don ou acquisition. Il est facile de juger que les travaux extraordinaires entrepris et exécutés en si peu de temps ont exigé la coopération active de presque tous les employés. Il a fallu présider au déplacement des livres, nécessité par les établissements nouveaux; ranger, étiqueter les livres de la bibliothèque usuelle, et prévenir toute espèce de trouble et de désordre. Le service public est devenu en outre plus actif; les lecteurs ont été plus nombreux; l'intérêt de la curiosité, la commodité plus grande de la salle de lecture, une température plus douce, en ont amené un plus grand nombre, et la suspension du prêt des livres a rendu la fréquentation de la Bibliothèque nécessaire à beaucoup de personnes qui n'y venaient jamais. De là l'obligation de réserver plus d'employés pour le service public.

Mais un travail important, difficile, et qui heureusement touche à sa fin, est l'opération de la rentrée des livres prêtés avant la mise en vigueur du nouveau règlement. Cette opération, par suite du mode antérieurement suivi pour le prêt, a été extrêmement longue et compliquée; elle a occupé exclusivement plusieurs employés qui resteront désormais disponibles pour les travaux du catalogue.

Lorsque l'opération a été un peu avancée, on a rétabli le prêt, mais en le soumettant dès lors à des règles qui empêcheront le retour des abus.



D'abord les ouvrages ne sont prêtés qu'à des personnes présentées par les conservateurs et agréées du conservatoire (art. 79). Elles écrivent la veille pour avoir les livres dont elles ont besoin (art. 83); ce qui remédie à un autre inconvénient, celui d'entraver le service des livres donnés en lecture par la recherche de ceux qu'ont prête. Un employé, expressément commis à cet effet, inscrit les livres sur un registre double, par titres d'ouvrage et par noms d'emprunteurs, avec indication du temps pour lequel on prête (art. 80) : l'emprunteur signe en marge. Les conservateurs se sont réservé le droit de faire rentrer les livres du jour au lendemain, si le service l'exige; remède efficace à un autre abus. En effet, tel ouvrage de première nécessité et unique était gardé indéfiniment et perdu pour le public. On pourrait citer l'exemple de certains livres que l'on

empruntait et que l'on gardait tout exprès pour que d'autres ne travaillas-
sent pas sur la matière ; maintenant, quand un lecteur déclare avoir besoin
d'un livre prêté, il est sûr de pouvoir le consulter, s'il revient quelques
jours après.

D'un autre côté, on a fait au prêt des restrictions dans l'intérêt des
lecteurs et de la collection elle-même. On excepte tous les livres de la
salle de lecture, les livres rares ou à figures, les éditions du XVe siècle,
les livres sur vélin ou grand papier, etc. (art. 76.)

Ainsi, tous les avantages du prêt sont conservés et tous les inconvénients prévenus, autant qu'il était possible de le faire.

La grande affaire du prêt des livres une fois réglée, on commencera
le travail arriéré des catalogues. Sur les dix-huit employés, dont quatre
surnuméraires, douze seront chargés tant du service public que du prêt
des livres, du dépôt légal, du registre de reliure, et six exclusivement
du travail des catalogues. On peut espérer qu'en trois ou quatre ans ils
pourront être à jour, au moyen de la spécialité qu'on tâchera de donner
à chaque employé.

*Des différents cata-
logues ; direction à don-
ner aux travaux ulté-
rieurs.*

Pour juger du travail qui reste à faire, il faut connaître l'état des
catalogues.

A proprement parler, il n'y a point d'ouvrages non classés ; tous sont
rangés par matière dans un ordre plus ou moins rigoureux ; mais ils ne
sont pas tous inscrits au catalogue. On peut les ranger en trois catégories :

*Fonds divers.*

1° Ceux qui sont portés sur le catalogue général, soit imprimé, soit
manuscrit. Leur nombre, en 1791, était de 153,000 volumes ; il est
aujourd'hui d'environ 350,000 ;

2° Ceux dont on a des catalogues spéciaux, qu'il serait utile de re-
fondre dans le catalogue général ;

3° Ceux qui ne sont portés sur aucun catalogue.

Ces deux dernières catégories comprennent au moins 150,000 volumes, sans compter 100,000 brochures environ, rangées dans 7,000
portefeuilles.

Les livres dont on possède des catalogues particuliers sont les fonds
Falconet et Langlès, la collection des livres imprimés sur vélin, le
legs de M. Grégoire, etc.

Le fonds Falconet, formé de la plus grande partie de la bibliothèque laissée par Falconet, est porté sur un catalogue imprimé. Il a déjà été question de le fondre dans le catalogue général. La plupart des livres ont même reçu une lettre et un numéro pris dans le système de ce catalogue ; il n'y a plus que le *sous-chiffre* à y ajouter ; mais ce travail est le plus minutieux et le plus long. Au moyen du recours au catalogue imprimé de ce fonds, on peut retrouver les livres dont il se compose ; mais la recherche est quelquefois pénible, ou bien on oublie de la faire. La fusion de cette collection dans le fonds commun est on ne peut plus désirable.

Il en faut dire autant du fonds Langlès, qui se compose des livres achetés à la vente de cet académicien, et des livres légués par M. Grégoire. Tout est à faire pour les joindre au fonds commun.

Quelques raretés typographiques ont été mises à part et hors de rang : ce sont les livres imprimés sur vélin, les éditions du XVe siècle, quelques livres rares des siècles suivants, les ouvrages enrichis de notes manuscrites, une collection de reliures remarquables de toutes les époques, enfin les livres imprimés sur grand papier, à figures ou de très-grand format.

Cette séparation est à conserver par plus d'une raison. Mais il serait à désirer qu'on retirât ces livres précieux des rez-de-chaussée humides, en dépit de toute précaution, où ils sont placés, et qu'ils fussent transportés dans des salles d'exposition, sous les yeux du public.

Le catalogue raisonné des livres sur vélin a été rédigé par M. Van-Praet, et imprimé à ses frais. Les numéros de ce catalogue sont répétés dans l'intérieur de la plupart des volumes. Il ne reste plus qu'à les ranger dans l'ordre des numéros et qu'à rédiger un catalogue réduit à un simple titre pour l'usage de la bibliothèque.

Celui des éditions du XVe siècle n'existe pas ; elles ne sont pas même rangées dans un ordre suffisamment exact. Il n'y a pas non plus de catalogue pour les raretés typographiques des autres siècles, les livres enrichis de notes, les reliures précieuses, et les éditions des Aldes, des Étienne, des Elzevirs. Beaucoup de ces ouvrages ont été retirés du fonds commun et figurent sur le catalogue général : il faut marquer d'un signe spécial sur ce catalogue les ouvrages retirés, et de plus dresser un catalogue spécial de chacune de ces collections.

Il existe deux grands recueils de mélanges, l'un in-4°, l'autre in-8°, dont le dépouillement a été fait sur *cartes*; mais on les consulte rarement: il est utile de les reporter sur le catalogue général. On fera la même opération pour une collection presque complète du théâtre hollandais, dont il y a pourtant un catalogue assez bien fait; pour les livres provenant du legs de M. Grégoire, et pour une collection de pièces relatives à l'histoire de la révolution.

A ces diverses opérations on devra en joindre une autre, c'est la table des auteurs du sixième volume du catalogue imprimé. Ce volume contient le droit; l'impression en ayant été interrompue par la révolution, la table manque : il faut l'avoir au moins manuscrite.

Quant aux livres formant la troisième catégorie, dont il n'y a point de catalogue, ce sont :

1° Les livres imprimés en France et qui arrivent par la voie du dépôt légal, notamment depuis 1816; 2° une partie de ceux qui proviennent d'acquisitions ou de présents; 3° beaucoup d'ouvrages qui viennent des dépôts produits de la confiscation des bibliothèques de couvents et d'émigrés.

Les premiers sont inscrits, aussitôt après leur entrée, sur un registre *ad hoc* et sous le numéro correspondant à celui des registres de la librairie. Entre ces livres, qui montent à environ 80,000 volumes, les in-4° seuls et un petit nombre d'in-8° sont inscrits au catalogue. Le reste est rangé sur des tablettes avec soin et exactitude, par ordre de matières; les brochures sont classées dans des portefeuilles, par année et par le premier mot du titre. L'insertion de ces livres au catalogue général est une opération indispensable.

Les livres provenant des bibliothèques de couvents étaient si nombreux que, bien qu'on en ait porté au catalogue plus de 50,000 volumes, il en reste peut-être autant à cataloguer : ce sont presque tous ouvrages de théologie, parmi lesquels beaucoup de doubles. Ils sont rangés par matière, mais dans un ordre moins régulier que ceux du dépôt légal.

6

Il faut dire encore que, depuis 1791, on n'a inséré au catalogue général aucun ouvrage de jurisprudence ou de théologie, ni aucun roman, et que, parmi les ouvrages inscrits au catalogue, il se trouve de nombreux recueils qui ne sont pas *dépouillés.* Ils sont inscrits ordinairement sous le titre *Recueils de pièces,* sans autre indication que le nombre de volumes. Ce dépouillement serait une opération des plus utiles.

*Résumé.*

Tel est l'arriéré qu'il faut combler. Mais bien loin de pouvoir espérer d'y parvenir avant la nouvelle organisation, on le voyait tous les jours s'accroître d'une manière effrayante. Dès à présent le mal est arrêté : on va l'attaquer de front, par une distribution régulière des travaux entre les employés. Tenir tout au courant, et diminuer chaque mois, chaque jour cet immense arriéré de manière à apercevoir, dans un avenir peu éloigné, le moment où la lacune sera entièrement remplie, tel va être l'objet de la sollicitude constante de l'administration.

3° RELIURES À FAIRE, LIVRES À ACHETER.

*Livres à racheter.*

Nous n'avons encore rien dit d'autres mesures qu'il importe de prendre, pour conserver une multitude d'ouvrages qui se perdraient immanquablement, ou pour tenir cette grande collection au niveau de sa gloire, ainsi que des besoins toujours croissants de l'instruction. Nous voulons parler : 1° des livres à relier; 2° de ceux qui, devenus défectueux, doivent être remplacés ou complétés; 3° enfin de ceux qui manquent à la collection, soit qu'elle les ait perdus, soit qu'elle ne les ait jamais possédés.

*Reliures.*

1° Quant aux livres brochés, un relevé exact en porte le nombre à 145,995 volumes, dont 5,538, in-f°; 11,889 in-4°; et 128,568, in-8°; sur ce nombre, il y en a 80,312 dont la reliure est urgente et doit être exécutée dans le plus bref délai possible, parce qu'ils se détériorent et ne tarderaient pas à se perdre. Sur les 80,312 qu'il est urgent de faire relier, on compte 2,916 in-f°; 7,638 in-4°; 69,758 in-8°.

Jusqu'à présent on n'a fait faire que les reliures pleines en veau pour la Bibliothèque; mais il y a là un luxe inutile; il faut proportionner les reliures à l'importance des ouvrages et à la rareté des éditions. Certains livres, certaines brochures de peu de valeur et peu demandées, n'ont besoin que d'une demi-reliure ou même que d'un cartonnage. Cette distinction diminuera de beaucoup la dépense. On peut admettre en terme moyen, 6 fr. pour les in-f°, 3 fr. pour les in-4°, et 1 franc 50 centimes pour les in-8°, ce qui porte la dépense des 80,312 volumes à environ 150,000 francs, et celle des 145,995 à environ 260,000 francs; somme qu'il faut prendre nécessairement sur un fond spécial en dehors du budget de la Bibliothèque, parce qu'il serait impossible de l'en distraire ( même en la répartissant sur un grand nombre d'années) sans compromettre tous les services; car les reliures arriérées devraient être faites sans préjudice de celle des livres de l'année; et, pour celles-là, les fonds ordinaires sont à peine suffisants.

Au reste, il faut remarquer que quand cette somme extraordinaire serait allouée par les chambres, elle ne pourrait être employée dans une seule année; par cette raison que, dans le cas même où l'on trouverait assez d'ouvriers habiles pour l'exécution de cette énorme quantité de reliures, on s'exposerait à paralyser le service public, si l'on faisait sortir tant de livres à la fois de la Bibliothèque. Elles ne peuvent être exécutées en moins de 5 ans; et l'on ne peut employer plus de 40 à 50,000 francs par an pour cet objet;

2° Les ouvrages *défectueux*, c'est-à-dire auxquels il manque une ou plusieurs parties, par suite de mutilation, ou de soustraction, sont très-nombreux; sans doute, il ne sera pas nécessaire de les racheter tous entière-ment; il en est dont on pourra compléter les parties défectueuses ou perdues; mais ce sera le plus petit nombre, et la dépense ne peut être que fort considérable. A ce rapport est joint un relevé qui ne porte que sur deux des 24 lettres du catalogue, encore n'est-il pas entièrement complet. Il sera facile de juger par là de l'étendue du mal qu'il s'agit de réparer. On a vu plus haut quelles causes ont amené ce triste résultat : il est inutile d'y insister davantage; qu'il nous suffise d'avoir prouvé que toutes les précautions soit prises pour qu'il ne se reproduise plus à l'avenir;



3° Une troisième catégorie est celle des ouvrages que la Bibliothèque a perdus dans leur entier par suite des mêmes causes. Il faut les racheter;



4° La quatrième catégorie, celle des livres que la Bibliothèque n'a



6*

jamais possédés est aussi très-considérable. A l'égard des seuls ouvrages publiés en France depuis 1784 jusqu'au moment où le dépôt légal fut institué, il y a des lacunes nombreuses et importantes. Un travail approfondi fut fait par l'ordre exprès de Napoléon; il existe, et quoique un certain nombre d'ouvrages ait été acquis depuis cette époque, les vides principaux restent encore à remplir; nous devons ajouter que, même depuis l'établissement du dépôt légal, les ouvrages sortant des presses de l'imprimerie royale, qui n'est point astreinte au dépôt, ne sont entrés à la Bibliothèque que lorsque les auteurs lui en ont fait présent. Elle a été et est encore privée d'un grand nombre d'ouvrages d'une haute importance sous les rapports scientifique ou administratif. Il suffira, pour exemple, de citer la *traduction de la Géographie de Strabon* qu'elle n'a jamais possédée. Une réclamation a été faite à ce sujet tout récemment : elle a été très-bien accueillie. Tous les ministres se sont empressés de promettre qu'ils enverraient exactement chaque année les collections d'actes qu'ils font imprimer à l'imprimerie royale; et il a été réglé qu'un exemplaire de tous les ouvrages qui sortent de ces presses serait remis à la Bibliothèque; mais le vide arriéré existe : il faut de l'argent pour le faire disparaître.

C'est surtout pour la littérature étrangère qu'il existe des lacunes considérables. On ne possède qu'une partie des collections académiques étrangères, et celles que l'on a ne sont pas complètes. Les grands ouvrages relatifs à la technologie et aux beaux-arts; les voyages dans les diverses parties du monde; les descriptions des contrées lointaines; les livres d'histoire, de géographie, de critique, de chimie, de physique, de médecine, de chirurgie, de mathématiques et d'histoire naturelle, écrits dans les diverses langues de l'Europe; les nombreux ouvrages imprimés dans l'Inde et en Amérique; les *journaux scientifiques* qui servent à une si rapide communication des découvertes que chaque jour voit naître; toutes ces productions de la presse européenne, la Bibliothèque n'est pas à beaucoup près au courant; elle manque même de ceux de ces ouvrages dont la réputation est européenne, et que les étrangers s'étonnent de ne point trouver quand ils les demandent. Sans doute, maintenant que le choix des livres à acquérir va être soumis au contrôle du conservatoire, être fait dans une vue réellement scientifique, et limité d'abord aux ouvrages *originaux* et *importants* dans tous les genres, il en entrera chaque année un certain·nombre de meilleurs ; mais leur prix est presque toujours si élevé que ce nombre sera fort restreint et tout à fait hors de proportion avec les besoins du public.

Napoléon, dans une visite qu'il fit en 1811 à la Bibliothèque, avec l'impératrice Marie-Louise, fut tellement frappé des lacunes qu'on lui signala, qu'il promit de donner un *million* pour achat de livres. Un premier à compte de 130,000 francs fut payé ; et l'on ne peut douter que la promesse n'eût reçu son entier accomplissement, si les circonstances malheureuses qui se succédèrent n'en eussent arrêté l'effet.



Tels sont les besoins extraordinaires du département des imprimés. On voit qu'il est impossible d'y satisfaire avec les ressources dont la Bibliothèque dispose, et que cette impossibilité est depuis longtemps reconnue.

Il n'appartient qu'aux ministres et aux chambres de fixer la somme nécessaire pour subvenir à ces besoins ; il doit nous suffire d'en avoir signalé le nombre et l'étendue, et d'avoir ainsi montré que cette somme devra être considérable, mais, dans tous les cas, répartie sur plusieurs exercices.

## § III.

### DÉPARTEMENT DES MANUSCRITS.

Le local occupé par ce département, quoique très-vaste, était insuffisant : plusieurs de ses collections étaient entassées d'une manière incommode pour le service. La cession du bâtiment du trésor a donné les moyens de les étendre et de les développer successivement, et de nouveaux locaux que le départ des bureaux de l'indemnité a mis à sa disposition, va lui permettre, en s'étendant davantage, de céder du terrain au département des imprimés qui en manque.



La distribution des salles où le public a été jusqu'ici admis, soit pour consulter les manuscrits, soit pour en visiter les collections, vient de subir de notables et utiles changements. Jusqu'à présent, et lecteurs et employés étaient placés dans deux pièces étroites, situées à l'entrée. Exposées au vent de la porte, incessamment ouverte les jours publics, ces deux salles servaient de passage pour arriver à la galerie Mazarine où le public était admis ; ce qui causait un dérangement continuel. Les employés, dont les bureaux placés entre les fenêtres rétrécissaient encore le passage, étaient sans cesse exposés à des courants d'air, sortant par les portes qui s'ouvraient devant et derrière eux. L'administration vient de les affranchir, ainsi que les lecteurs, de cette position fâcheuse et inconvenante.

Changement introduit.

En perçant une porte sur le côté de la galerie Mazarine, on a pu rendre à la libre circulation les trois salles successives qui y conduisent les lecteurs, et tous les employés se trouvent maintenant placés dans trois salles situées au-delà, et qu'on n'est plus obligé de traverser pour parvenir à la galerie Mazarine. Elles portent le titre de *salles réservées pour l'étude,* qui avertit les curieux que l'entrée leur en est interdite. Les

Salle de lecture.

lecteurs et les employés sont dans un lieu bien clos qu'échauffe doucement un poële unique qui existait depuis plusieurs années dans la pièce du fond. Le service a été de plus facilité par une porte donnant immédiatement sur l'escalier qui conduit au deuxième étage. Ce deuxième étage, divisé jusqu'ici en plusieurs parties distinctes, où l'on entrait par des portes séparées, ayant chacune leur clef, est maintenant réuni en un seul par le percement de deux portes et se trouve sous la même clef.

Salle de communication entre les deux départements.

Ainsi le service public a été, sous tous les rapports, amélioré par cette disposition nouvelle, aussi simple que peu coûteuse. Elle se coordonne parfaitement avec une autre disposition, qui a fait communiquer directement les deux départements des imprimés et des manuscrits au moyen d'une salle, jusque là garnie de livres, où le public ne pouvait être admis. Pour passer d'un département dans l'autre, on était obligé de descendre un escalier et d'en monter un second. Cette nouvelle salle de commucation, ornée d'une grande baignoire en porphyre, de tableaux, et munie de banquettes, est une de celles où le public s'arrête le plus volontiers.

Le département des manuscrits se compose de quatre fonds :

Les manuscrits grecs ;

Les manuscrits latins ;

Les manuscrits français et en langues modernes de l'Europe ;

Les manuscrits orientaux.

Les *manuscrits grecs* sont depuis longtemps catalogués. Le catalogue imprimé a été successivement chargé de notes qui composent le fonds supplémentaire. Le fonds Coislin a été catalogué par Montfaucon : il reste à le transporter aussi sur le premier catalogue ; opération utile, mais qui n'est pas urgente, ce fonds, parfaitement en ordre, n'éprouvant presque point d'accroissement, puisqu'il n'y est pas entré deux manuscrits depuis dix ans. Pour les *manuscrits latins,* il reste également peu de chose à faire. Au catalogue de l'ancien fonds, imprimé en 1744, se joint le *supplément* où l'on a porté les volumes entrés depuis cette époque, et particulièrement depuis 1789.

Mais il y a beaucoup à faire pour les *manuscrits français et orientaux.*

Les *manuscrits français* peuvent se diviser en deux catégories principales : ceux qui existaient à la Bibliothèque royale avant la révolution ; et ceux qui y sont entrés depuis 1790. Le premier catalogue comprend l'ancien fonds du Roi, et les fonds Dupuy, Béthune, Brienne, Gaignières, Doat, Dufourny, Louvois, Lamarre, Baluze, de Mesme, Colbert, Cangé, Lancelot, Ducange, Sérilly, Huet, Fontanieu, Lavallière et quelques autres moins importants.

Le deuxième se compose, 1° des manuscrits appartenant aux églises et monastères ; 2° de fonds peu considérables, tels que ceux de Mortemart, Germain-Garnier ; et le 3° d'un supplément français d'environ 2,400 articles, qui s'accroîtra de tout ce qui reste à dépouiller, et qui n'est pas encore entré dans le service public du département.

Il existe un *inventaire* de ces divers fonds, *dépouillés* ou *non dépouillés;* mais non pas un *catalogue;* c'est là le travail dont on s'occupe depuis longtemps, ainsi que de mettre en bon ordre les manuscrits à mesure du dépouillement. Ce travail ne peut que s'accélérer par l'activité nouvelle donnée aux diverses branches du service ; et celle que le zèle des employés puisera dans la spécialité bien caractérisée du travail de chacun d'eux, lorsqu'ils verront que leur nom reste attaché à une portion quelconque de ce grand ensemble.

Il y a une opération importante et désirable qui se fera par la suite, celle de la fusion des différents fonds en un seul ; mais elle ne peut s'opérer

Division
du département.
Manuscrits grecs.

Manuscrits latins.

Manuscrits français.

Fusion des fonds divers.

que quand le travail des catalogues sera très-avancé, et lorsqu'on aura
fait relier les volumes à mesure. La plupart des manuscrits de ces fonds
divers sont mal reliés, et dans un misérable état; on porte à 10,000 le
nombre de ceux dont la reliure est urgente; il y a donc nécessité de ne
pas encore chercher à réunir les fonds : on pourrait amener une confusion
très-grande; et ce serait un grave inconvénient que d'exposer, dans les
salles ouvertes au public, des volumes mal reliés ou brochés, ou des
cartons, à côté de livres en très-bon état; on est forcé de reléguer les
premiers au second étage, et de ne mettre dans les salles publiques que
les seconds.

### MANUSCRITS DANS LES LANGUES DE L'ASIE OCCIDENTALE.

*Manuscrits en langues sémitiques.* Pour les langues hébraïque, persane et arabe, il existe un catalogue
imprimé. Tout ce qui est entré depuis forme des fonds séparés, tels que
les fonds Anquetil, Ducaurroy, etc. On refait sur bulletins un catalogue
général des manuscrits arabes, turcs, persans, etc. Ce travail qui remplit
déjà plusieurs cartons n'étant exécuté que par une seule personne,
toujours dérangée pour le service public, se continue constamment mais
avec lenteur. La riche collection *Asselin,* dont le département vient de
faire l'acquisition, et qui contient plus de 1,800 volumes, est un surcroît
de travail qui éloignera encore le moment où le catalogue général pourra
être terminé.

### MANUSCRITS INDIENS.

*Manuscrits indiens,* Cette précieuse collection, pour être aussi utile que possible, exige
1° des catalogues, 2° quelques accroissements.

*Travaux faits et à faire.* 1° Le catalogue imprimé ne contient que les manuscrits qui existaient
en 1734 : il est donc fort incomplet et rempli de fautes. Le nouveau
catalogue, rédigé par M. Alex. Hamilton et publié en 1807, ne ré-
pond déjà plus aux besoins actuels, la Bibliothèque ayant acquis depuis
les manuscrits d'Anquetil, ceux de Pollier, les manuscrits palis de

M. Bellanger, outre les présents en manuscrits cingalais de lord Tollfrey et de M. le capitaine Reydelet. Le catalogue de M. Hamilton doit être refait d'une manière méthodique et raisonnée, tâche difficile et laborieuse dont on a commencé et dont on continue l'exécution. Ce travail durera deux ou trois ans.

2° La collection vient de s'enrichir des manuscrits tamouls rapportés *Acquisitions désirables.* et cédés par M. Ph. Duclerc, administrateur de Karikal, auxquels sont joints environ 500 dessins exécutés dans le pays par des artistes indigènes ; ils sont du plus grand intérêt pour la connaissance des costumes, des usages et des traits caractéristiques de quelques-uns des peuples de l'Indoustan.

Mais on remarque encore plusieurs lacunes sur lesquelles l'attention des conservateurs se dirigera spécialement, et l'on devra saisir avec empressement les occasions de les remplir. La collection ne renferme, par exemple, que deux exemplaires du Ramayana, fort beaux, mais incomplets. L'unique exemplaire du Mahabarata est également défectueux ; enfin, il n'existe qu'un seul exemplaire des Védas, en caractères télingas. Mais on ne peut devoir qu'à des hasards heureux les moyens de diminuer, à cet égard, l'imperfection de notre bibliothèque indienne.

### LIVRES CHINOIS.

L'ancien fonds des livres chinois a été catalogué par Fourmont ; mais *Livres chinois.* ce travail n'est pas exempt de fautes. Feu Abel Rémusat, en entreprenant *Travaux à faire.* le catalogue du nouveau fonds, avait commencé la refonte de l'ancien catalogue. La mort a interrompu ce travail. Ce qui reste à faire est peu considérable. Déjà deux savants, très-versés dans la littérature chinoise, ont offert leur coopération bénévole. Deux ou trois mois suffiront pour mettre tout au courant.

Mais des acquisitions sont nécessaires pour que la collection des livres *Acquisitions.* chinois de la Bibliothèque royale recouvre la supériorité qu'elle avait acquise. D'autres grandes collections se sont formées en Angleterre, déjà bien plus riches que la nôtre. La Bibliothèque n'a pu prendre part à plusieurs ventes qui ont été faites, ni même penser à compléter les ouvrages dont elle a le commencement, parce qu'il aurait fallu une somme de 15 à 20,000 fr. dont elle n'a pu disposer. Elle sera, nous l'espérons, plus heureuse à l'avenir.

## § IV.

### DÉPARTEMENT DES ANTIQUES.

*Exiguité du local.* Tout le monde connaît l'exiguité du local affecté au cabinet des antiques. Jusqu'à présent il n'a été possible de permettre l'entrée au public que d'une seule salle dans laquelle on n'a pu exposer, dans un jour favorable, qu'une très-petite partie des richesses qu'il possède. Sans parler des médailles, dont la collection doit rester enfermée dans des armoires, et n'être communiquée qu'avec les plus grandes précautions, seulement les jours de travail, à des personnes connues pour s'occuper de numismatique, le cabinet possède bon nombre de monuments curieux pour l'art et pour la science, qui avaient été jusqu'ici relégués dans les combles et soustraits aux regards du public.

*Ce qu'on a fait pour y remédier.* On s'est occupé sans relâche de diminuer ce grave inconvénient ; un meilleur arrangement et quelques dispositions nouvelles ont donné le moyen de remédier, autant que possible, au défaut d'espace. On a rendu l'exposition des objets précieux que le cabinet renferme beaucoup moins incomplète, sans diminuer les précautions nécessaires à leur sûreté ; on les a coordonnés de manière à les rendre plus instructifs et à les placer dans le jour le plus favorable, en embellissant la décoration de l'ensemble.

*Salle du zodiaque rendue publique.* D'abord on s'est empressé de rendre publique la salle qui contient le fameux zodiaque de Dendérah. Cette salle, où se fait le cours d'archéologie, n'était visible que pendant la durée des leçons de ce cours, c'est-à-dire une heure par semaine pendant trois mois de l'année. Or, indépendamment du zodiaque, que le public demandait sans cesse à voir, cette salle renferme un grand nombre de monuments curieux pour l'art et les antiquités grecques, romaines et égyptiennes ; d'inscriptions latines et grecques. On l'a rendue publique deux fois par semaine, après avoir introduit dans l'arrangement des monuments plus d'ordre et de symétrie.

La salle des antiques, au premier étage, a subi des améliorations no–

tables. Le beau monument, dit *fauteuil de Dagobert,* a été isolé et placé sur un socle. Le dessus des grandes armoires des médailles, aux extrémités de la salle, a été orné de bustes en bronze et en marbre, presque tous morceaux capitaux, dont la plupart, jusqu'ici mal éclairés, échappaient à l'attention du public et même des artistes.

*Salle des antiques, mieux disposée et ornée.*

Au-dessus du grand médailler qui occupe le milieu de la salle, on a placé une armoire vitrée en glaces, où est exposée et éclairée de toutes parts la magnifique collection des objets d'argent trouvés en 1830 à Berthouville près Bernay. Le défaut de place avait forcé jusqu'à présent de n'en exposer qu'une petite partie dans le bas d'une armoire, où ces précieux restes étaient à peine aperçus. Ces monuments ont été restaurés, autant qu'ils devaient l'être dans l'intérêt de leur conservation; mais on a eu soin de ne rien ajouter à ce qui pouvait leur manquer. A côté de cette riche collection, on a placé une suite de figurines en bronze, remarquables par le travail, l'époque ou le sujet, dont quelques-unes sont au nombre des plus précieuses qui existent. Ces bronzes étaient relégués dans un comble où le public ne pouvait être admis à les voir. Ils ont été restaurés, et forment maintenant une des plus belles collections que l'on connaisse en ce genre.

*Vases de Bernay, et bronzes réparés et mis en lumière.*

Dans les montres qui entourent cette armoire, on a placé une suite de médailles antiques et modernes, formant, par un choix de chefs-d'œuvre numismatiques, une sorte de résumé de l'histoire monétaire; cette suite a le double avantage de donner une idée de l'état de l'art depuis les plus anciens temps, et de présenter une iconographie des personnages célèbres par des monuments authentiques.

*Autres dispositions nouvelles.*

Une autre amélioration va être introduite dans les montres où sont exposées les pierres gravées. On sait que les intailles ne peuvent être vues distinctement que lorsqu'on a la faculté de les manier et de les placer dans un jour favorable, en profitant de la transparence de la pierre. La plupart d'entre elles sont donc réellement perdues pour le public, quoique placées sous ses yeux. Cet inconvénient n'aura plus lieu; on a fait mouler en plâtre toutes ces intailles; on mettra à côté de chacune d'elles son empreinte; ce qui permettra de voir distinctement le sujet sans déranger la pièce, et de juger de la délicatesse du travail.

Toutes ces dispositions, calculées pour rendre plus profitable au public la visite du cabinet des antiques, n'ont pas ralenti des travaux d'un autre genre que le petit nombre d'employés avait jusqu'ici empêché d'exécuter. Il s'agit de la confection d'un catalogue des diverses classes d'objets que le cabinet renferme. Il y a des inventaires exacts contenant l'indication des objets qui successivement sont venus enrichir la collection, et des parties cataloguées à diverses époques. Mais les accroissements considérables que le cabinet a reçus, les pertes qu'il a faites récemment ne permettent pas de différer plus longtemps un catalogue général et un inventaire méthodique de tout ce qu'il renferme maintenant. C'est là une lacune qu'il importe à tous égards de faire disparaître pour que la responsabilité des conservateurs cesse d'être illusoire.

Travail de catalogue et de classement.

On a commencé le catalogue des médailles antiques par celui des médailles grecques, et déjà il comprend toutes celles de l'Europe.

Notre riche collection de médailles modernes, composée de plus de 10,000 pièces, était éparpillée dans différents meubles ou entassée pêle-mêle sur des cartons; placée dans un cabinet noir, on ne pouvait la consulter. Dans le cours de l'année 1833, elle a été complétement rangée; 3,000 environ forment une suite d'hommes célèbres classés chronologiquement à chaque pays auquel ils appartiennent; un catalogue alphabétique, qui renvoie à la date et au pays de chacun, permet de trouver à l'instant les médailles que l'on cherche. 7,000 autres forment une suite historique des grands et petits états de l'Europe; elles sont de même classées chronologiquement.

Les monnaies françaises sont déjà classées en partie : le travail sera terminé dans le cours de l'an prochain, ainsi que le classement des monnaies des autres pays de l'Europe.

En continuant avec méthode et régularité cette opération sur chaque classe de monuments, on pourra arriver, d'ici à très-peu d'années, à posséder un catalogue complet, où chaque objet trouvera sa place marquée, et aura son numéro d'ordre.

La plupart des pertes qu'a éprouvées le cabinet des antiques par suite du vol consommé en 1831 ne seront réparées qu'à la longue; et il en est qui sont peut-être à jamais irréparables. Un hasard heureux a fait retrouver un certain nombre des médailles d'or qui avaient été volées; et, dans le nombre, il en est de fort importantes. D'autres objets précieux tels que la patère d'or de Rennes, le sceau de Louis XII, la médaille du sacre de Napoléon, ont été retrouvés également [1]. La somme de 120,000 fr., valeur des lingots d'or provenant des objets que les malfaiteurs ont fondus, a été affectée par la loi de finances de 1833, à réparer une partie des pertes du cabinet, par l'achat de monnaies d'or et d'autres antiquités.

Acquisitions nouvelles.

[1] On joint ici l'indication précise des objets qui avaient été enlevés et de ceux qu'on a retrouvés et qui sont rentrés au cabinet.

| MÉDAILLES. | OBJETS | | |
| --- | --- | --- | --- |
| | VOLÉS. | RENTRÉS. | PERDUS. |
| Médailles d'or de Syracuse | 54 | n | 54 |
| Médailles de rois | 13 | 10 | 3 |
| Statères d'or | 2 | n | 2 |
| Médailles d'or des empereurs romains | 94 | 7 | 87 |
| Médaillons d'or des empereurs romains | 2,531 } 2780 | 673 | 2,107 |
| Quinaires d'or *idem* | 249 } | | |
| Suite de France en or | 165 | 24 | 141 |
| Personnages illustres de France | 12 | 5 | 7 |
| Jetons d'or de Louis XIV | 88 | 21 | 67 |
| Papes en or | 63 | 30 | 33 |
| Allemagne, Espagne, Portugal et autres états d'Europe | 158 | 90 | 68 |
| Suite uniforme de Louis XIV et Louis XV | 454 | 261 | 193 |
| La médaille des prix décennaux, en or | 1 | 1 | n |
| La médaille du sacre de Charles X, en or | 1 | n | 1 |
| Divers bijoux d'or | 4 | 4 | n |
| Une cinquantaine d'objets du tombeau de Childéric | n | 10 | 40 |

Total des médailles perdues 2,762

*Bijoux et objets divers qui avaient été volés et qui ont été retrouvés.*

Patère d'or de Rennes.
Patère sassanide.
Calice orné de pierreries.
Sceau d'or de Louis XII.
Deux bracelets d'Herculanum.
Bulle d'or, retrouvée par fragments.
Quatre chaînes d'or, quatre boucles d'oreilles, plaques de ceinturon.
Feuille d'or avec inscripton, et quelques fragments.

Sur ce fonds ont été acquises, dans le cours de cette année, les suites de médailles de M. le général Guilleminot, de M. de Cadalvène, de MM. Millingen, Durand, ainsi que Rollin, et la belle collection de bronzes classiques de M. Brondsted; et l'on a achevé de payer le prix de la collection de Bernay, pour laquelle il restait 10,000 francs à solder. Le reste de ce fonds spécial sera employé de même, à mesure qu'il se présentera d'heureuses occasions d'acquérir des objets importants, ou qui pourront servir à remplir ou à diminuer les déplorables vides qui déparent encore nos tablettes de médailles.

## § V.

### DÉPARTEMENT DES ESTAMPES, CARTES ET PLANS.

Ce département comprend deux sections bien distinctes : celle des estampes, et celle des cartes géographiques et plans.

#### 1<sup>re</sup> SECTION. — Estampes.

**Estampes.** La section des estampes attire un public tellement nombreux que, dans l'intérêt non-seulement des collections, mais, des personnes studieuses, on a senti le besoin de mettre quelques restrictions à l'admission journalière du public, en exigeant la présentation de cartes délivrées par le conservateur. L'usage de ces cartes, longtemps en vigueur, **Rétablissement des cartes d'entrée.** était tombé en désuétude; le nouveau règlement l'a rétabli; et l'on s'en trouve fort bien. On écarte de cette manière une foule d'oisifs et d'enfants, qui, sans autre but que de passer le temps, ou de satisfaire une vaine curiosité, venaient au cabinet des estampes comme à un magasin d'images et de caricatures, et prenaient le très-petit nombre de places que contiennent les tables de la salle unique où le public est admis. On se montre facile à délivrer des cartes, mais l'obligation de donner son nom, son adresse, sa profession, et, si l'on est artiste, de dire le nom de son maître, à moins d'avoir exposé soi-même au salon, écarte toute demande indiscrète.

Depuis la nouvelle organisation de la Bibliothèque, plusieurs travaux d'ordre ont été exécutés, conformément à l'esprit du règlement. Ainsi, il a été ouvert un registre d'inscription pour les achats et les dons, comme aux autres départements : on y a porté, dans le cours de l'année 1833, 349 articles, dont 62 donations; le registre du dépôt légal a été continué à part. Nouveaux registres.

Quant à l'état des catalogues, ils sont au complet seulement pour les titres des volumes, au nombre de 7,325. Mais on ne saurait nier qu'il est absolument nécessaire d'avoir un catalogue raisonné de toutes les pièces qui composent une œuvre ou un recueil; car c'est le seul moyen de constater l'existence des pièces que possède le département, et d'empêcher qu'aucune distraction puisse être faite sans laisser de trace. Ce travail immense ne saurait être exécuté que par plusieurs personnes qui s'en occuperaient exclusivement pendant plusieurs années. Les deux seuls employés, outre un surnuméraire que possède le département, suffisent à peine au service public. C'est tout ce que l'on peut faire de tenir les registres d'entrée au courant. État des catalogues.

Mais une opération qui supplée, à quelques égards, à l'enregistrement de chaque pièce, c'est l'*estampillage* qui fait reconnaître à l'instant une estampe provenant de notre collection. Cette opération, jusqu'ici négligée, a été appliquée cette année à 100,200 pièces, estampillées avec un timbre gravé tout exprès au commencement de cette année.

Pour suppléer encore, autant que possible, au manque de catalogue de chaque œuvre, on a indiqué, en marge du Peintre-graveur de Bartsch, les pièces existantes au cabinet des estampes, et l'on a porté dans ces œuvres, au bas de chaque pièce, le numéro de Bartsch. Ce travail a été fait cette année pour huit maîtres de l'école d'Italie, et quatorze des écoles flamande et hollandaise.

On a relié soixante volumes de topographie; vingt d'œuvres de vieux maîtres; quatre-vingts d'œuvres diverses; et préparé par le collage, trente autres volumes.

Ainsi, les travaux pour cette section ont été continués cette année avec une activité nouvelle.

IIᵉ SECTION. — Des cartes géographiques et plans.

Importance de cette section.

La création d'un cinquième département, celui des cartes et plans, par l'ordonnance de 1828, a imposé de nouveaux besoins à la Bibliothèque royale. Jusque-là, on ne pensait nullement à augmenter le fonds très-borné des cartes géographiques; il ne formait qu'une annexe du département des imprimés; il ne s'accroissait que des cartes faisant partie de voyages, et personne ne songeait à distraire des fonds déjà insuffisants alloués au budget, ce qui aurait été nécessaire pour mettre cette collection délaissée au niveau des autres collections. L'ordonnance de 1828 l'a tirée de cet injuste abandon; et celle de 1832, en réunissant le cinquième département au quatrième, dont il forme une section, a eu pour objet non de rétablir l'ancien ordre de choses, mais de rentrer dans les dispositions de la loi de l'an IV, qui nommait plusieurs conservateurs pour chaque département. Ainsi, que la collection des *cartes géographiques* forme un département spécial, ou une section d'un autre département, la différence au fond est nulle; l'importance et l'utilité de la collection n'en sont pas diminuées, et l'obligation de l'enrichir, une fois qu'elle est formée, n'en est pas moins impérieuse.

Acquisitions.

En 1828, la collection géographique de la Bibliothèque était de peu de valeur; les cartes anciennes et assez rares qui en faisaient partie sont maintenant de fort peu d'utilité, et offrent à peine quelque intérêt pour l'histoire de la science. Depuis, plusieurs sources sont venues l'accroître et l'enrichir : 1° le *dépôt légal* des cartes qui paraissent en France; 2° les *dons* particuliers, toujours peu considérables; 3° les *acquisitions*. Mais le peu de fonds dont il est possible de disposer ne permet pas d'étendre ces acquisitions autant que le désirent tous ceux qui connaissent l'importance des études géographiques. Les cartes étrangères les plus importantes ne s'y trouvent pas; et il est à craindre que cette collection ne soit encore pendant longtemps fort incomplète, à moins qu'on n'accorde un fonds spécial de 12 à 15,000 francs, pris en dehors du budget de la Bibliothèque. Cette somme suffirait pour l'acquisition des meilleures cartes originales, dont la collection peut rester privée. Lacunes.

On avait eu l'idée de joindre à la section des cartes un *musée ethnographique,* ou une collection de tous les objets qui peuvent faire connaître l'état de la civilisation de tous les peuples de la terre, ceux de l'Europe exceptés. Le conservatoire, récemment consulté sur cette création nouvelle, en a reconnu toute l'utilité ; mais, en même temps, il a démontré qu'on ne pouvait songer à l'établir à la Biblothèque royale, dont les bâtiments doivent être réservés pour les développements ultérieurs des quatre grandes collections qui la composent.

Le département des estampes, cartes et plans est celui de tous qui est le plus mal placé et dont il importe le plus d'améliorer et d'agrandir le local. Changements à introduire dans le local.

La section des *estampes,* fréquentée chaque jour par un public nombreux, occupe un entre-sol bas et obscur : deux pièces seulement sont accessibles au public. La plus grande, où se tiennent les employés, est destinée à l'étude ; là sont placées les tables et pupitres, qui ne présentent que vingt-quatre places, dont la moitié est à faux jour : on ne peut exposer qu'un petit nombre de gravures, mal placées pour la plupart et mal éclairées. Cela est indigne d'un grand établissement.

La section des *cartes et plans* est tout à fait séparée de l'autre : elle occupe le rez-de-chaussée. Le public est reçu dans une seule salle à peine suffisante au petit nombre de personnes qui viennent y étudier. Une partie des porte-feuilles est placée dans la grande galerie du rez-de-chaussée, au-dessous de la galerie Mazarine ; mais, pour y parvenir, on est obligé de passer dans la cour.

Depuis peu de temps on a fait une notable amélioration à la salle publique, à laquelle on n'arrivait que par un couloir obscur, où le public s'égarait souvent : une cloison abattue, une porte déplacée, ont transformé ce couloir en une salle d'introduction tout à fait convenable. Notable amélioration.

La cession complète des bâtiments du trésor va fournir des moyens peu coûteux d'agrandissement pour le département entier. Mais on ne peut songer à l'exécution d'un plan de quelque importance, avant qu'on ait débarrassé le rez-de-chaussée de la galerie Mazarine, encombré Dispositions nouvelles.

8

par les exemplaires restant de la grande Description de l'Égypte. M. le ministre de l'intérieur et celui du commerce et des travaux publics viennent de prendre une décision qui nous achemine vers ce but si désirable : ils viennent d'ordonner que ces exemplaires seront *assemblés en une seule fois,* et déposés dans un autre endroit du bâtiment. Jusqu'alors on faisait cette opération au fur et à mesure des besoins; il fallait trois mois pour opérer l'assemblage de dix exemplaires. Une fois assemblés, le gouvernement en disposera comme il le jugera convenable ; une heure suffira pour la livraison d'un exemplaire; les autres se conserveront beaucoup mieux que lorsqu'ils étaient dispersés sur des tablettes, et ils occuperont une place beaucoup moindre : ils laisseront alors disponible la grande galerie, qui formera un admirable local pour l'une des deux sections du département des estampes et cartes. On n'aura d'autres dépenses à faire que celles de nouvelles armoires qui seront disposées de manière à pouvoir être facilement transportées ailleurs, si la translation de la Bibliothèque venait à être décidée.

*Assemblage de la description de l'Égypte.*

## § VII.

### DU BUDGET DE LA BIBLIOTHÈQUE ET DES FONDS SUPPLÉMENTAIRES.

*Embarras de l'administration pendant l'année 1833.*

Cet exposé de l'état de la Bibliothèque montre tout ce qu'il y avait à faire lorsque l'ordonnance du 14 novembre 1832 a été rendue, et ce qui a été fait depuis cette époque, tant pour régulariser les diverses parties du service que pour donner à tous les travaux l'activité qui leur manquait. Il permet en même temps de juger si l'accroissement du personnel que cette ordonnance a établi, ou qui en a été la conséquence, était réellement nécessaire. Les travaux qui ont été entrepris en 1833 n'auraient pu être exécutés sans l'augmentation du personnel, et cette observation doit être faite dans l'intérêt de l'administration antérieure.

Mais cette augmentation, qui a été d'environ 21,000 francs en 1833, lorsque le budget restait fixé à 205,000 fr., a singulièrement gêné l'administration. C'est dans cette même année, où 21,000 fr. étaient retranchés aux dépenses du matériel, que les besoins de la Bibliothèque royale ont été le plus grands; car, si les frais de l'établissement de la salle de lecture ont été supportés par le ministère du commerce et des travaux publics, les autres travaux intérieurs, exécutés dans les divers départements ( et le nombre en est considérable), ont été payés sur les fonds ordinaires de l'établissement. Il faut y joindre les dépenses d'impression et de papier pour les règlements, les circulaires, les nouveaux registres et les cartons.

Pour cette année 1834, le budget a été augmenté de 34,000 francs, et porté à 239,000 francs. Cette augmentation, par suite de l'accroissement des fonds du personnel en employés, n'a seule qu'environ 7,000 fr. au fonds destiné aux achats; la somme consacrée à ce fonds n'est que de 77,400 francs.

Or, la somme allouée a toujours été insuffisante pour consommer certaines grandes acquisitions qui se présentent de temps en temps et qu'on ne doit pas laisser échapper et passer à l'étranger. Cette insuffisance a été reconnue sous tous les régimes et par tous les ministres qui se sont succédé, puisqu'il n'en est presque aucun qui n'ait accordé, pour ces occasions importantes, des fonds extraordinaires. Ainsi, sous le ministère de M. Amelot, 410,000 francs furent donnés pour l'acquisition des estampes de Mariette, des livres rares de la Vallière, de livres de jurisprudence, des médailles de Pellerin. Sous le ministère du baron de Breteuil, 271,000 fr. furent affectés à des acquisitions analogues, telles que l'œuvre de Rembrault, la collection des titres de Beaumarchais, les médailles d'Ennéry, etc. Et cependant, la Bibliothèque ne jouissait pas moins de ses fonds ordinaires, qui s'élevaient année commune, à 150,000 francs.

La révolution n'arrêta pas le cours de ces générosités : en 1791, un décret accorda 100,000 francs pour achat de livres du XVe siècle; d'autres subventions furent postérieurement accordées. On a vu que Napoléon avait promis un million pour le seul département des livres imprimés, et que 130,000 francs furent payés sur cette somme. Sous la restauration, de nombreuses subventions ont été accordées : 50,000 francs pour l'achat des livres de la bibliothèque Maccarthy et des monuments antiques de Choiseuil-Gouffier; 6,000 francs pour achat d'estampes précieuses; plus, 20,000 francs ajoutés par la liste civile à ces crédits supplémentaires; 24,000 francs pour les médailles celtibériennes de Florès et les antiquités

égyptiennes de M. Cailliaud ; 36,000 francs pour les médailles de Cousi-
néry et les papyrus Casati ; enfin 159,000 francs pour le zodiaque de
Dendérah, la deuxième collection de Caillaud, les livres de Langlès,
etc. Ainsi près de 300,000 francs ont été accordés dans un intervalle
de quatorze ans environ, ce qui fait une moyenne d'un peu plus de
20,000 francs par an.

Cette expérience du passé prouve l'insuffisance du budget de la Bibliothèque pour faire face aux *acquisitions extraordinaires*. Cette insuffisance
est encore plus sensible depuis que la création d'une section de géographie
impose à l'établissement de nouveaux besoins. La nécessité de crédits
supplémentaires, montant année commune à 20 ou 30,000 francs, se
fera sentir longtemps encore ; les travaux des savants, l'activité toujours
croissante des voyageurs, préparent de nouvelles découvertes et rendent
indispensables de nouvelles et précieuses acquisitions. Malgré la géné-
rosité du gouvernement, d'importantes collections n'ont pu être acquises
et ont passé à l'étranger. Telle est la riche collection de manuscrits
orientaux rassemblés par M. Rousseau, à Bagdad, qui a passé en Russie,
la suite des monnaies d'or dites *statères*, faisant partie du cabinet Cousi-
néry, et qui a été acquise en totalité par le roi de Bavière ; un autre
choix de médailles, dans la collection Allier d'Hauteroche, a été également
perdu pour la Bibliothèque du Roi. Il ne faut pas que de pareils exemples
se reproduisent, il faut que toutes les conquêtes des enfants de la France
profitent au pays. La Bibliothèque doit être en état de profiter du zèle
et des lumières des agents français dans l'Inde, la Perse et la Turquie,
pour la transcription des manuscrits tamouls, persans, arabes.



Ce n'est donc pas trop d'une augmentation annuelle de 30,000 fr. [1]
pour un *objet* qui intéresse si fort la gloire nationale. Le moyen de faire
face à ces dépenses extraordinaires, sans recourir à des fonds supplétifs,
serait d'ajouter cette somme au budget annuel, c'est-à-dire, de le porter
de 239,000 francs à 269,000 francs.

---

[1] Cette proposition, accompagnée de tous les détails nécessaires, a déjà été faite dans
un mémoire rédigé par le conservatoire de la Bibliothèque et présenté aux chambres
en 1831.

Ainsi, les besoins de la Bibliothèque sont de deux espèces : 1° combler l'arriéré du département des imprimés ; 2° assurer aux collections l'accroissement qui les maintiendra au rang qu'elles occupent.

1° Pour le premier objet, un crédit supplémentaire de 250,000 fr. à affecter aux reliures, et un autre crédit plus considérable, de 4 ou 500,000 francs pour remplacer les livres défectueux et acheter ceux qui manquent. Ces deux sommes devraient être réparties sur six ou sept années.

2° Augmenter le fonds annuel consacré au matériel d'environ 30,000 fr. et, par conséquent, porter le budget à partir de 1835, à 269,000 francs qui seraient répartis en suivant les bases de celui de 1834, sauf les changements qui résultent des dispositions prises dans le cours de cette année. Cette répartition sera rendue sensible par le tableau suivant des crédits demandés en 1835, comparés à ceux qui ont été accordés par la loi de finances de 1834 ; on verra sur quels points porte l'excédant.

|  | | EXCÉDANT SUR LE BUDGET de 1834. |
|---|---|---|
| **I. PERSONNEL.** | | |
| *1er département* ( imprimés ). | | |
| 2 conservateurs à 6,000 fr. | 12,000$^f$ | |
| 1 conservateur-adjoint | 3,000 | |
| 1 employé à | 3,000 | |
| 2 à 2,400 fr. | 4,800 | 40,800$^f$    1,800$^f$ |
| 2 à 2,200 | 4,400 | |
| 2 à 2,000 | 4,000 | |
| 4 à 1,200 | 4,800 | |
| *2e département* ( manuscrits ). | | |
| 3 conservateurs à 6,000 fr. | 18,000 | |
| 3 conservateurs-adjoints | 9,000 | |
| 1 employé à | 2,400 | 35,600    " |
| 1 idem à | 2,200 | |
| 2 idem à 2,000 francs | 4,000 | |
| *A reporter* | 76,400$^f$ | 1,800$^f$ |

| I Personnel. | | EXCÉDANT<br>SUR LE BUDGET<br>de 1834. |
|---|---|---|
| *Report*....... | 76,400$^f$ | 1,800$^f$ |

*3$^e$ département* ( antiques ).

| | | | |
|---|---|---|---|
| 2 conservateurs à 6000 fr.......... | 12,000 | | |
| 2 conservateurs-adjoints............. | 6,000 | | |
| 1 employé à.................... | 3,000 | 24,600$^f$ | 1,200 |
| 1 *idem* à.................. | 2,400 | | |
| 1 *idem* à.................. | 1,200 | | |

*4$^e$ département* ( estampes et cartes ).

| | | | |
|---|---|---|---|
| 2 conservateurs.................. | 12,000 | | |
| 1 conservateur-adjoint............. | 3,000 | | |
| 1 employé à.................... | 3,000 | 22,400 | $u$ |
| 1 *idem* à.................. | 2,400 | | |
| 1 *idem* à.................. | 2,000 | | |
| Indemnité du directeur............. | 4,000 | 6,000 | $н$ |
| *Idem* du trésorier............. | 2,000 | | |

*Gens de service.*

| | | | |
|---|---|---|---|
| 14 frotteurs à 900 fr............. | 12,600$^f$ | | |
| 2 portières à 400................ | 800 | | |
| 1 à................. | 200 | 13,800 | 2,000 |
| Indemnité du chef de service........ | 200 | | |
| Indemnité et gratifications aux surnuméraires et employés............. | 10,000 | 10,000 | |

| | | |
|---|---|---|
| Total du personnel.............. | 153,200 | $u$ |

II. MATÉRIEL.

| | | |
|---|---|---|
| Chauffage, éclairage, entretien du mobilier, du bâtiment, frais d'impression, etc.......... | 13,400 | |
| Acquisitions.................... | 102,400 | 25,000 |
| | 269,000$^f$ | 30,000$^f$ |

Cet excédant de 30,000 francs profite presque entièrement au fonds d'acquisitions.

# RELEVÉ
## DES OUVRAGES INCOMPLETS

DANS LES LETTRES J ET Y. (Plus haut, page 42.)

| | IN-FOLIO. | | | IN-QUARTO. | | | IN-OCTAVO. | | |
| --- | --- | --- | --- | --- | --- | --- | --- | --- | --- |
| | NOMBRE d'ouvrages incomplets. | NOMBRE de volumes des ouvrages. | NOMBRE de volumes manquants. | NOMBRE d'ouvrages incomplets. | NOMBRE de volumes des ouvrages. | NOMBRE de volumes manquants. | NOMBRE d'ouvrages incomplets. | NOMBRE de volumes des ouvrages. | NOMBRE de volumes manquants. |
| **LETTRE J.** | | | | | | | | | |
| HISTOIRE GRECQUE. | | | | | | | | | |
| Descriptions de la Grèce ancienne.. | // | // | // | // | // | // | 2 | 6 | 2 |
| Histoire de la Grèce ancienne..... | 3 | 6 | 3 | 2 | 12 | 7 | 54 | 315 | 112 |
| Histoire Byzantine............. | // | // | // | // | // | // | 1 | 10 | 4 |
| Histoire des Sarrasins et des Turcs. | 1 | 2 | 1 | 1 | 4 | 2 | 14 | 50 | 21 |
| HISTOIRE ROMAINE. | | | | | | | | | |
| Historiens grecs anciens......... | // | // | // | 2 | 7 | 2 | 3 | 16 | 8 |
| Historiens latins anciens......... | 2 | 5 | 2 | 3 | 9 | 5 | 23 | 137 | 47 |
| Historiens modernes............ | // | // | // | // | // | // | 22 | 198 | 62 |
| Antiquités, etc.............. ... | 4 | 9 | 4 | 2 | 5 | 2 | 4 | 17 | 4 |
| | 10 | 22 | 10 | 10 | 37 | 18 | 123 | 749 | 260 |
| **LETTRE Y.** | | | | | | | | | |
| POÉSIE. | | | | | | | | | |
| Mythologie................... | // | // | // | 1 | 3 | 1 | 4 | 10 | 6 |
| Poétique.................... | // | 3 | // | // | // | // | 2 | 5 | 3 |
| Poëtes grecs.................. | 1 | 3 | 2 | 4 | 10 | 4 | 29 | 124 | 55 |
| Poëtes latins................. | 1 | 6 | 1 | 5 | 43 | 6 | 38 | 131 | 56 |
| Poëtes italiens................ | 1 | // | 3 | // | // | // | 48 | 349 | 115 |
| Poëtes français................ | // | // | // | 3 | 11 | 6 | 135 | 698 | 239 |
| Poëtes espagnols............... | // | // | // | 2 | 9 | 5 | 3 | 15 | 5 |
| Poëtes allemands.............. | // | // | // | 2 | 5 | 2 | 18 | 99 | 32 |
| Poëtes hollandais ............. | // | // | // | // | // | // | 1 | 3 | 2 |
| Poëtes anglais................. | // | // | // | 2 | 6 | 3 | 39 | 344 | 117 |
| Poëtes danois, russes, etc........ | // | // | // | // | // | // | 4 | 23 | 6 |
| Fabulistes................... | // | // | // | // | // | // | 11 | 33 | 18 |
| | 3 | 12 | 6 | 19 | 87 | 27 | 332 | 1,834 | 654 |

| Lettre **J** ...... | 10 | Ouvrages in-folio incomplets. | |
|---|---|---|---|
| | 10 | —————— in-quarto *idem.* | |
| | 44 | —————— in-octavo *idem.* | |
| | 64 | —————— in-douze *idem.* | |
| | 15 | —————— in-dix-huit *idem.* | |
| | 143 | —————— formant 808 volumes sur lesquels il en manque..................... | 278 |

| Lettre **Y** ...... | 3 | Ouvrages in-folio incomplets. | |
|---|---|---|---|
| | 19 | —————— in-quarto *idem.* | |
| | 101 | —————— in-octavo *idem.* | |
| | 151 | —————— in-douze *idem.* | |
| | 80 | —————— in-dix-huit *idem.* | |
| | 354 | —————— formant 1,943 volumes sur lesquels il en manque.................. | 687 |

# RÉSUMÉ.

| La lettre **J** se compose, dans la totalité, de.......... | 780 | volumes in-folio. | |
|---|---|---|---|
| | 1,749 | —————— in-quarto. | |
| | 4,836 | —————— in-octavo et formats inférieurs. | |
| Formant un total de............ | 7,365 | ........................................... | 7,365 |

| La lettre **Y** se compose dans sa totalité, de.......... | 3,991 | volumes in-folio. | |
|---|---|---|---|
| | 3,360 | —————— in-quarto. | |
| | 16,497 | —————— in-octavo. | |
| Formant un total de.......... | 20,248 | ........................................... | 20,248 |
| | | TOTAL GÉNÉRAL des deux lettres..... | 27,613 |

Sur ce nombre de 27,613 volumes, il en manque 965, ou 1 volume sur 28.60.

En prenant par hypothèse le nombre total des deux lettres J et Y, comme formant une moyenne des 2 lettres du catalogue, il en résulte que, sur la masse générale des volumes portés, s'élevant à 331,356, il y 4,248 ouvrages incomplets, devant former 23,316 volumes, sur lesquels il en manque 11,580.